Bezaubernde TASSEN GÄRTEN

DETAILVERLIEBTE
GARTENSZENEN IN KLEINEN
GEFÄSSEN

Louise Lindgrün

INHALTSVERZEICHNIS

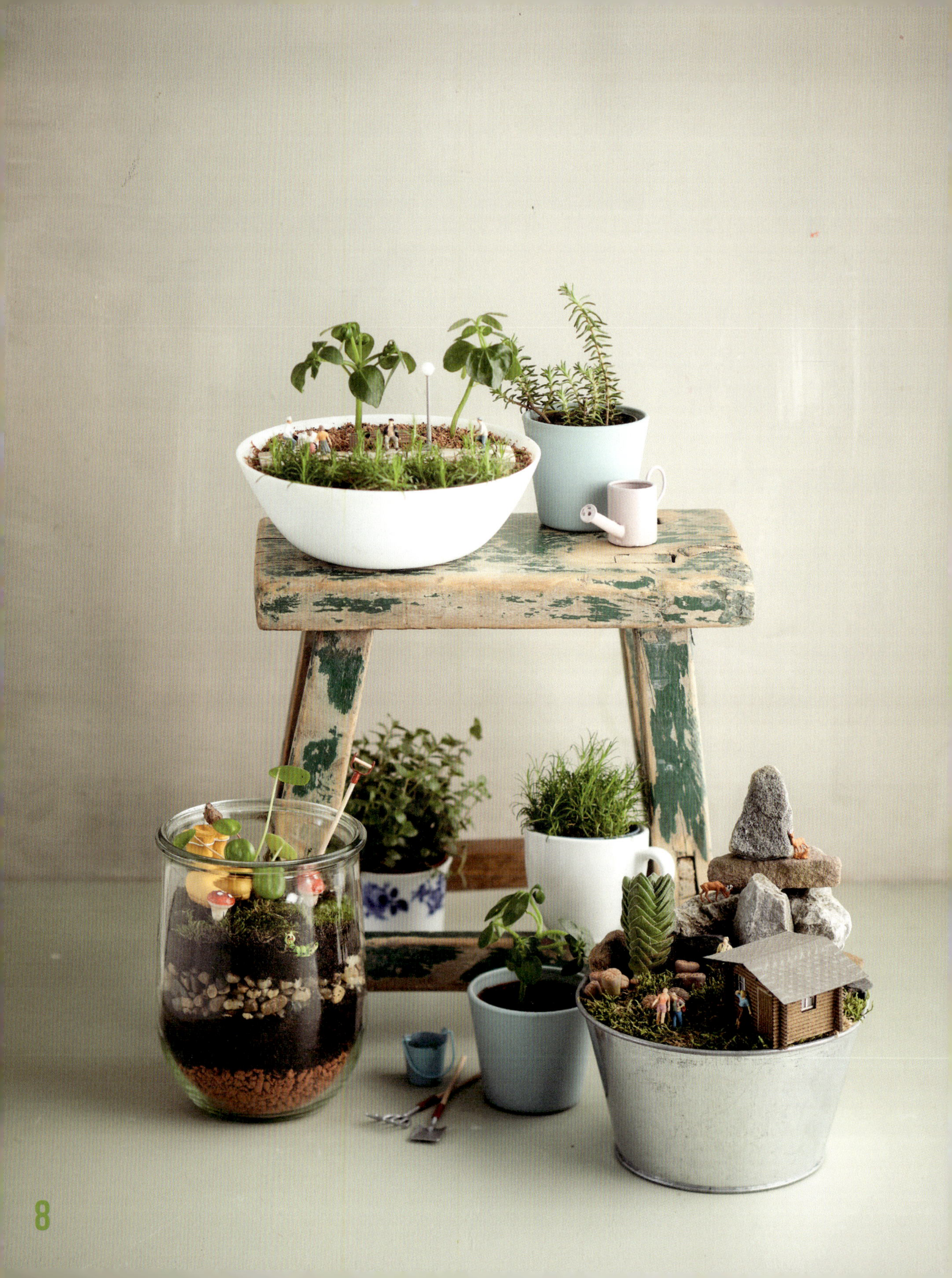

VORWORT

Sie haben keinen eigenen Garten oder Balkon? Dann holen Sie sich doch einfach ein grünes Kleinod auf die Fensterbank! Egal, ob einen klassischen Garten oder etwas Exotisches, mit etwas Fantasie lässt sich in jedem Küchengefäß der eigene Mini-Traumgarten realisieren. Miniatur-Gärten können Sie für jede Jahreszeit und für unterschiedlichste Anlässe anlegen. So sind sie z. B. auch perfekt als Geschenk geeignet, anstelle eines Blumenstraußes, der nach ein paar Tagen verwelkt.

Dieses Buch zeigt Ihnen 28 Modelle, die sich einfach „nachpflanzen“ lassen oder die dazu inspirieren, eigene Garten-Ideen zu entwickeln. Außerdem erhalten Sie hilfreiche Pflanz- und Pflege-Tipps. Kleiner Tipp vorweg: Gehen Sie in das Gartencenter Ihrer Wahl und lassen Sie sich von den Miniatur-Pflanzen, die dort angeboten werden, inspirieren.

Viel Spaß beim Kreieren und Pflanzen!

MATERIALIEN UND HILFSMITTEL

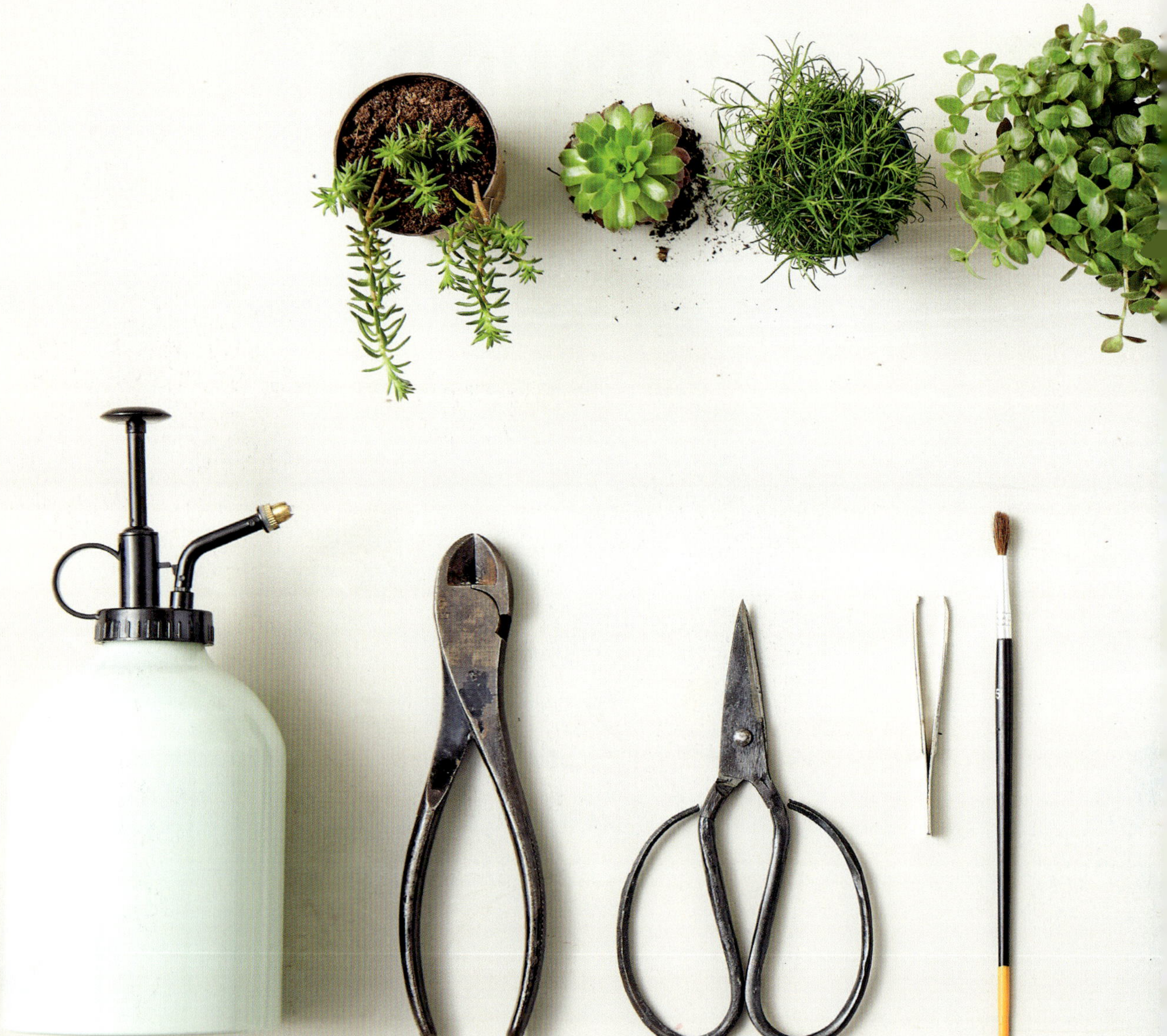

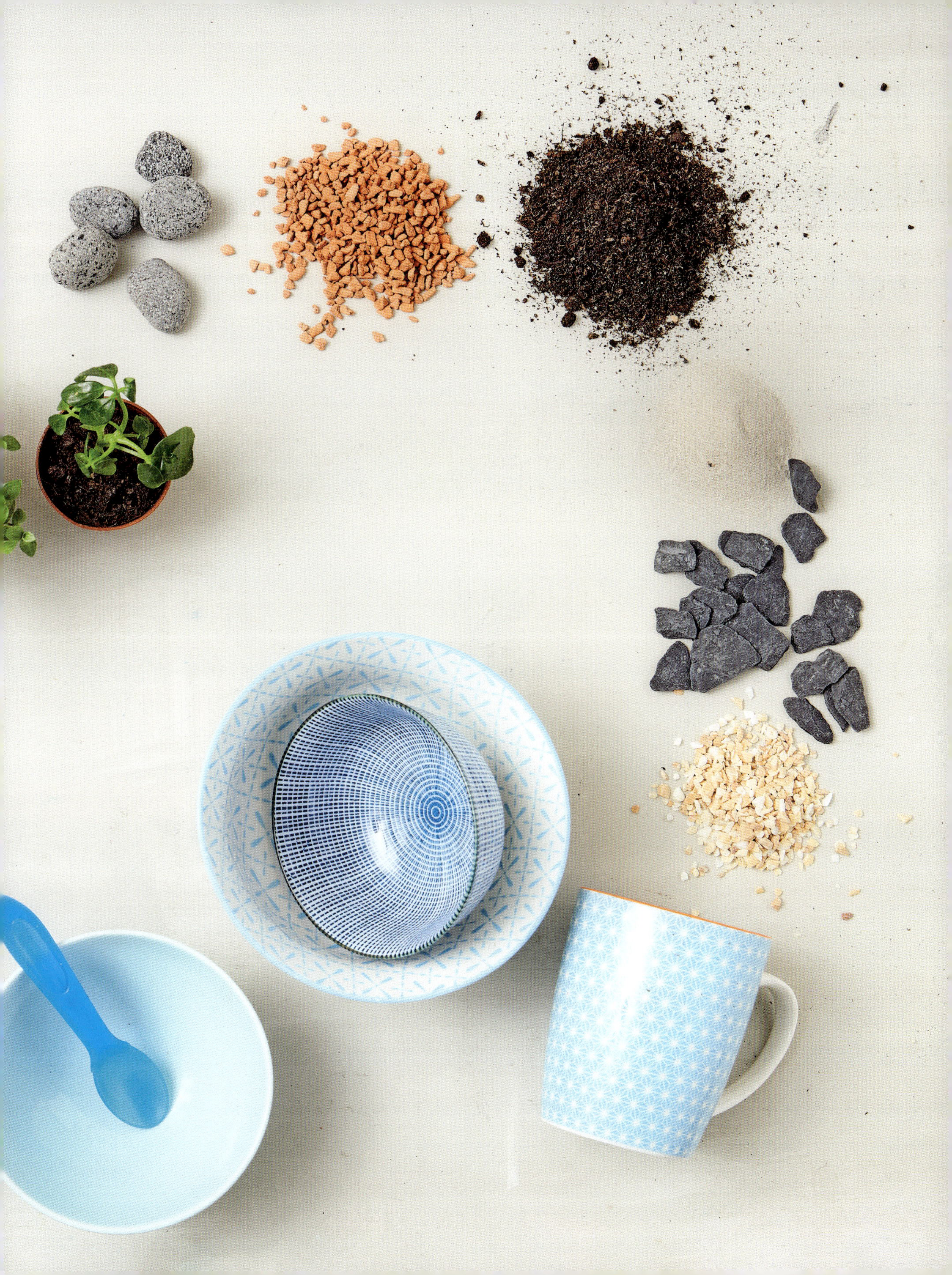

PFLANZEN

- Sukkulenten (auch Kakteen, Hauswurze (Sempervivum))
- Sternmoos (polsterförmig wachsende Gartenpflanzen)
- Tillandsia
- Mini-Pflanzen (Palmen, Rosen, Blattpflanzen etc.)

MATERIALIEN UND WERKZEUGE ZUM ANLEGEN DER GÄRTEN

- Küchengefäße (Tassen, Müsli-, Salatschalen etc.) und Terrakotta-Töpfe
- Pflanz-Granulate (Tongranulat)
- Gartenvlies zum Abdecken des Pflanz-Granulats
- Kakteen- und Sukkulenten-Substrat
- torffreie Blumenerde
- Sprühflaschen zum Befeuchten der Erde sowie der Pflanzen
- Schere zum in Form Schneiden, Durchtrennen von Wurzeln oder Zurechtschneiden von Gartenvlies
- Säge
- Zange
- Heißklebepistole
- Stift
- Nass-Steckschwamm
- Küchenmesser zum Zurechtschneiden des Steckschwamms
- Pinsel zum Entfernen von Blumenerde von Pflanzen und Pflanzgefäßen
- Löffel, um Erde und Streugut zu verteilen
- diverse Kies- und Sandsorten
- Zeitungspapier oder eine Wachsdecke zum Abdecken des Arbeitsplatzes
- Steckdraht

NATURMATERIALIEN FÜR ACCESSOIRES

- Äste
- unterschiedlich große Bambusstäbe
- getrocknetes Plattenmoos
- Strohblumen
- Steine

MINIATUREN ALS DEKORATION

Im Hobbyfachhandel findet man eine große Auswahl an Miniaturen speziell für Miniatur- oder Feen-Gärten.

Die perfekte Miniatur-Garten-Illusion schaffen Sie mit Modellbaufiguren, die es zu den unterschiedlichsten Szenarien gibt. Dabei ist aber auf die Proportionen zu achten. Die Figuren dürfen nicht zu groß und nicht zu klein sein. In der Regel reicht ein Maßstab von 1:87 aus. Eine große Auswahl an Figuren und Gebäuden erhält man im Modellbaufachhandel. Weitere Accessoires zu den verschiedensten Themen findet man im Spielzeugfachhandel oder im Gartencenter.

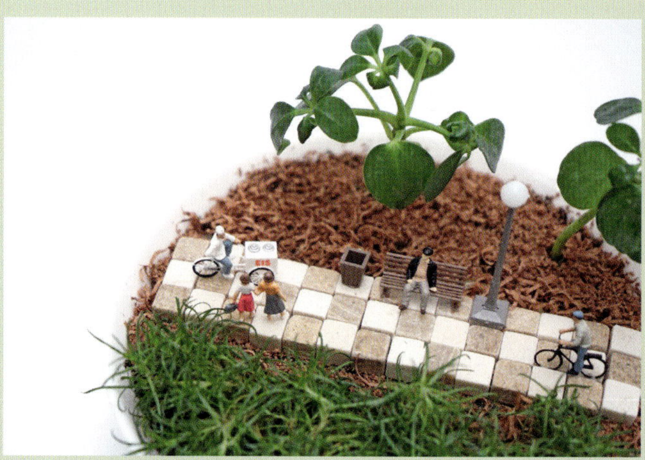

NATURMATERIALIEN

Zur Dekoration des Bodens benötigen Sie die unterschiedlichsten Naturmaterialien, wie z. B. Deko-Steingranulat, Steine oder Moose. Diese findet man direkt in der Natur, im Hobbyfachhandel oder im Gartencenter. Auch aus Naturmaterialien lassen sich Dekorationsobjekte selbst herstellen. Bambusrohr ist ebenfalls ein toller Werkstoff, um das besondere Etwas in den eigenen Mini-Garten zu bringen.

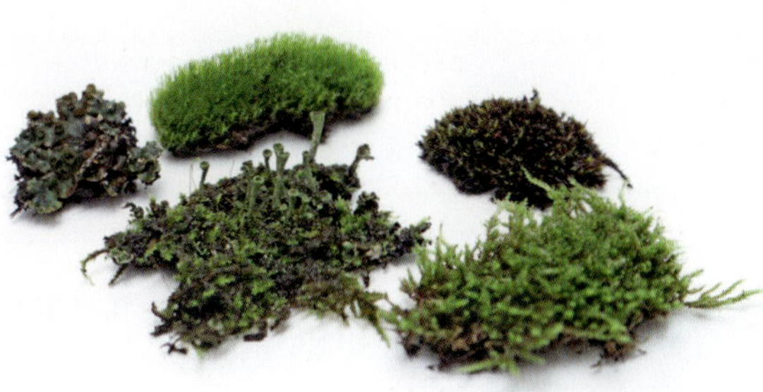

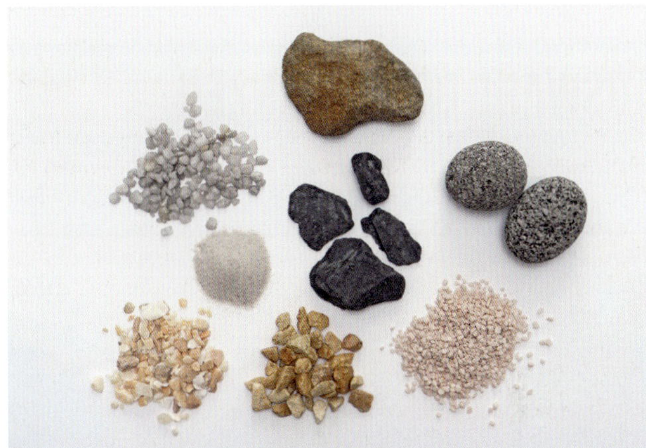

TASSEN UND CO. ALS PFLANZGEFÄSSE

Als Pflanzgefäße eignen sich fast alle Gefäße, die man in der Küche und im Garten findet. Idealerweise sucht man sich die Gefäße optisch passend zum Thema aus oder verwendet neutrale Farben.
Tassen, Müsli- oder Salatschalen etc. haben in der Regel kein Abflussloch für überschüssiges Wasser. Mithilfe von Pflanz-Granulat (Tongranulat) lässt sich aber ganz einfach eine Drainage einrichten. Ist man mutig, kann man aber auch mithilfe eines „Steinbohrers“ ein Loch in die Keramik-Gefäße bohren.

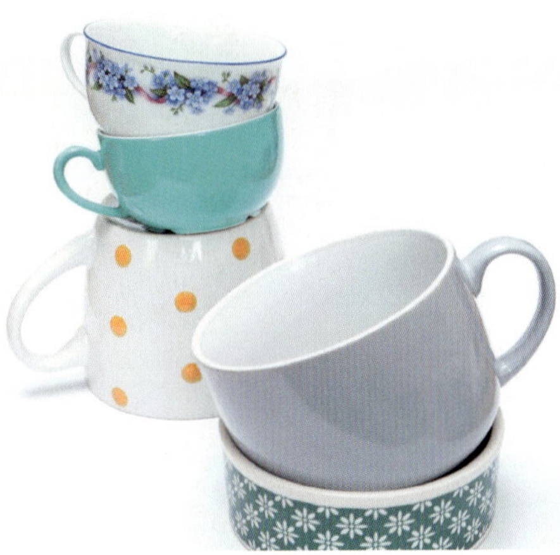

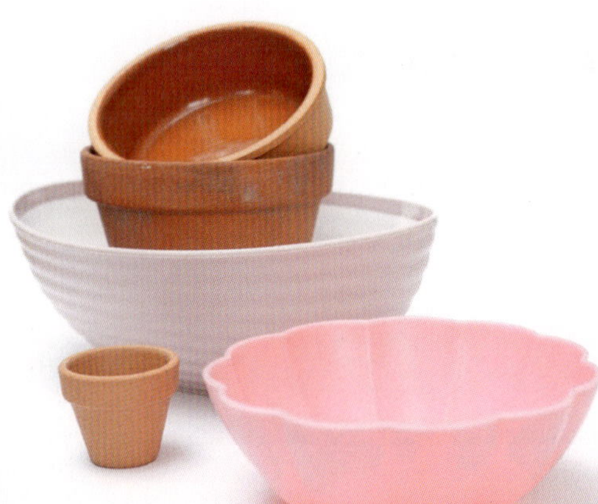

PFLANZEN

AUSWAHL DER PFLANZEN

Am besten eignen sich Sukkulenten, sogenannte Dickblattgewächse. Zu diesen zählen u. a. Kakteen, aber auch Mini-Pflanzen wie Palmen oder Blattpflanzen machen sich gut in einem Mini-Garten. Diese findet man in einer großen Auswahl im Blumenfachhandel als auch in den Gartenabteilungen von Baumärkten. Für Sukkulenten und Kakteen empfiehlt es sich, spezielles Substrat einzusetzen. Für die Mini-Pflanzen kann man mit Dünger versetzte torffreie Blumenerde verwenden.

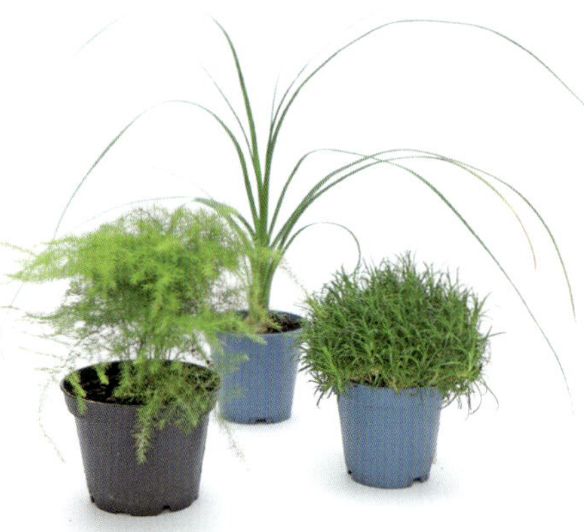

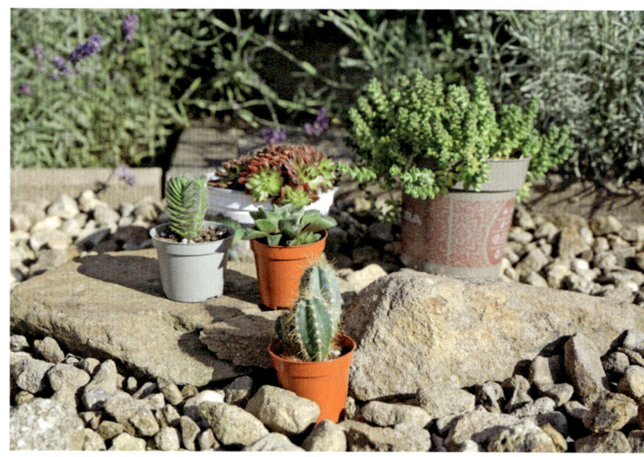

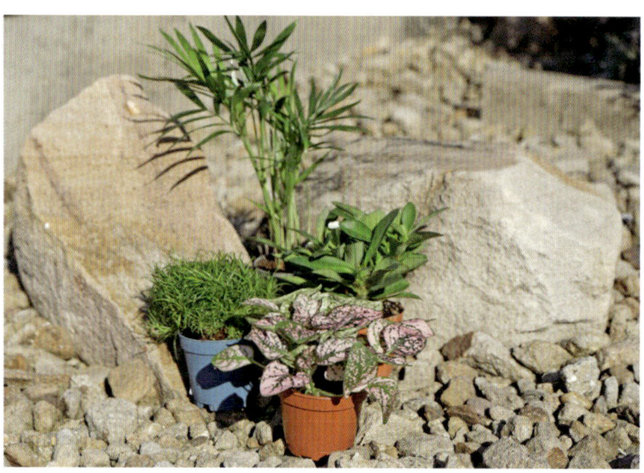

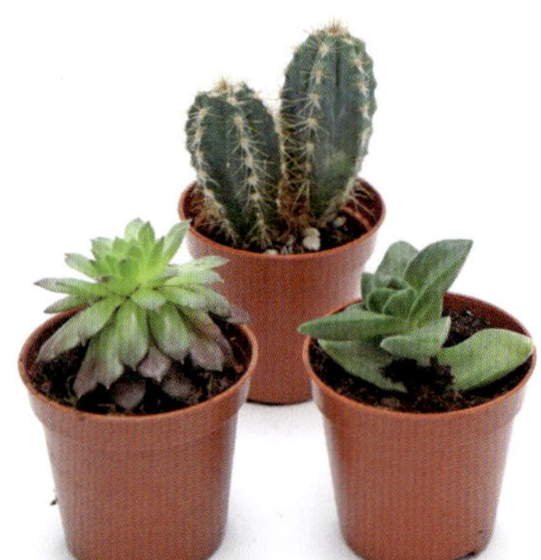

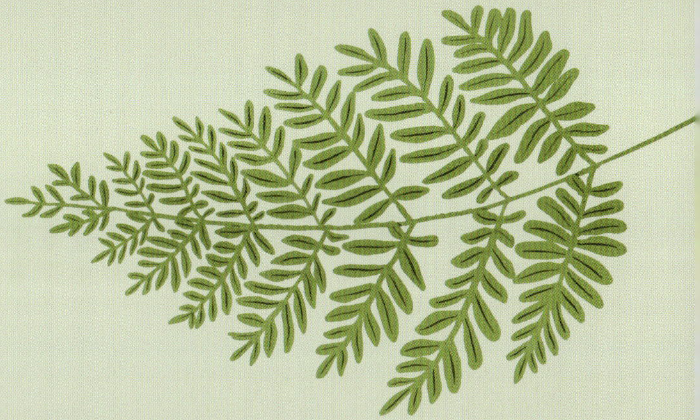

SUKKULENTEN PFLEGEN

Sukkulenten lieben Licht, daher sollten Sie für Ihren Miniatur-Garten einen hellen Platz wählen, der mindestens einen halben Tag lang in der Sonne steht. Einmal pro Woche oder immer dann, wenn die Erde vollkommen ausgetrocknet ist, benötigen die Sukkulenten etwas Wasser. Damit man lange Freude an den Sukkulenten hat, sollte man sie einmal im Monat mit Flüssigdünger versorgen.
Sollten die Pflänzchen folgende Veränderungen zeigen, besteht Handlungsbedarf:

- Neigt die Pflanze sich zum Licht, bekommt sie zu wenig Sonnenlicht und der Standort sollte gewechselt werden.
- Werden die Blätter runzelig, benötigen sie Wasser.
- Verfaulen die Blätter oder verfärben sie sich gelb, haben sie dagegen zu viel Wasser bekommen.

MINI-PFLANZEN PFLEGEN

Je nach Raumtemperatur sollten die Pflanzen alle zwei Tage sparsam gegossen werden. Vorab sollte man aber wenn möglich durch Fühlen prüfen, wie feucht oder trocken die Erde wirklich ist. Da die Pflanzen in eher kleine Gefäße gepflanzt werden, sollte man sie zudem hin und wieder düngen.

SUKKULENTEN VERMEHREN

Sukkulenten können Sie mit etwas Geduld einfach vermehren. Dafür zupft man vorsichtig vom unteren Drittel der Pflanze ein Blatt ab. Dieses sogenannte Brutblatt legt man horizontal auf Kakteen-Substrat und lässt es dort ein paar Tage antrocknen. Danach muss die Erde alle 2 – 3 Tage befeuchtet werden. Wenn sich nach ca. 6 Wochen erste Wurzeln gebildet haben, reduziert man das Bewässern. Auch der Standort ist für die Vermehrung wichtig, dieser sollte so gewählt werden, dass die Blätter ausreichend indirektes Sonnenlicht erhalten. Nach einigen Wochen sollte an dem Blatt eine kleine Mini-Sukkulente wachsen. Wenn das Brutblatt welk wird, kann man es vorsichtig entfernen und die kleine Sukkulente in einen Topf pflanzen.

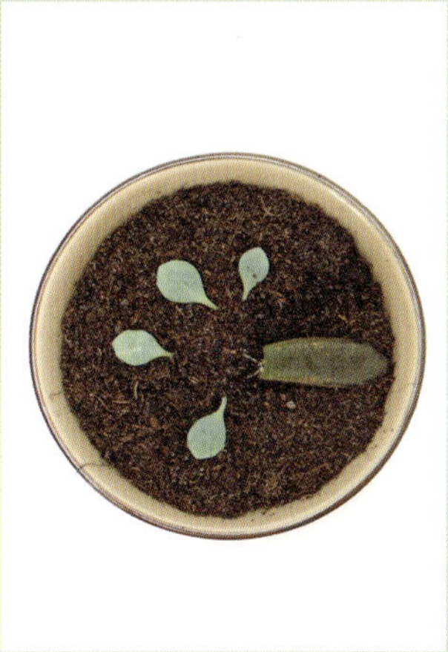

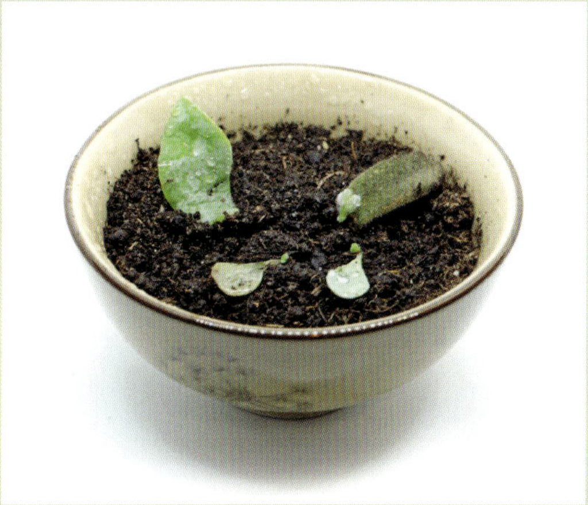

GRUNDANLEITUNG

Für alle Modelle benötigen Sie Sukkulenten- oder Blumenerde, Gartenvlies und Pflanz-Granulat (Tongranulat). Das Granulat wird vor allem bei Pflanzgefäßen verwendet, die kein Abzugsloch haben. Damit die Pflanzen nicht aufgrund von Staunässe eingehen, dient das Granulat als sogenannte Drainage-Schicht.

1 Ermitteln Sie zunächst die benötigte Größe des Gartenvlieses. Dafür das Pflanzgefäß mit der Öffnung auf ein Stück Gartenvlies legen, ca. 2 cm zum Rand hinzurechnen, grob den Umriss aufzeichnen und das Gartenvlies entlang des Umrisses ausschneiden.

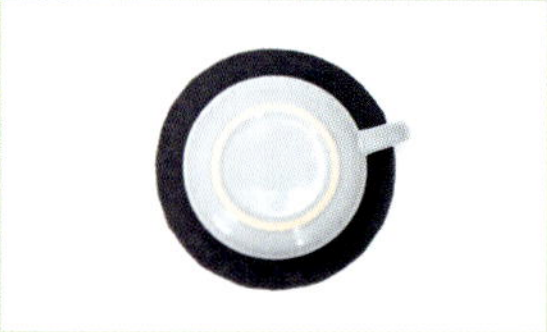

2 Befüllen Sie nun das Pflanzgefäß bis zu ca. einem Viertel mit dem Pflanz-Granulat (Tongranulat).

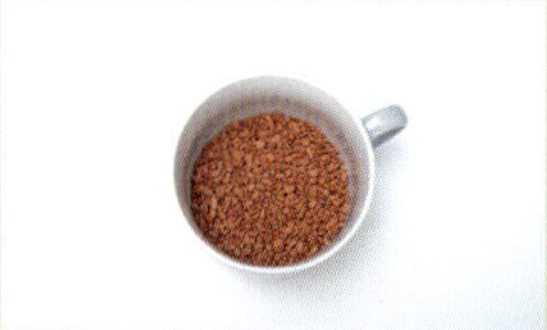

3 Legen Sie das vorab zurechtgeschnittene Gartenvlies auf das Pflanz-Granulat. Sollte das Vlies doch einmal zu groß sein und aus der Erde herausragen, schneiden Sie die überstehenden Stücke einfach mit einer Schere ab.

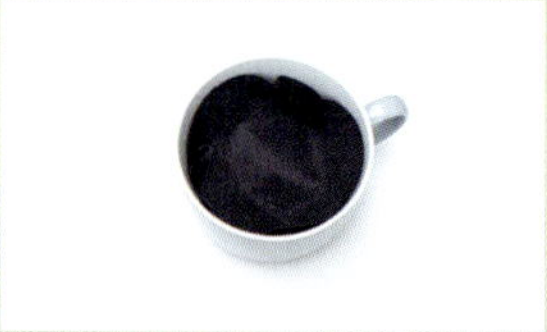

4 Nun die Tasse mit Erde befüllen. Es empfiehlt sich, ca. 2 cm zum Rand freizulassen, damit beim Bepflanzen nicht zu viel Erde herausfällt. Ggf. kann nach dem Einpflanzen die Erde bis zum Rand aufgefüllt werden.

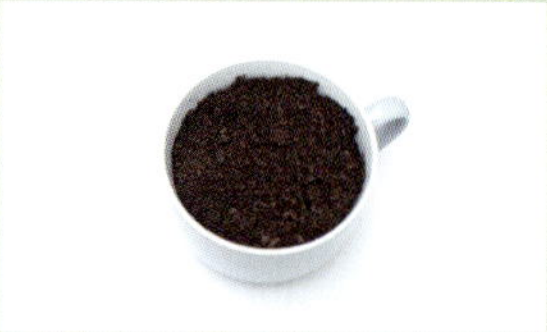

5 Vor dem Einpflanzen sollte der Wurzelballen der jeweiligen Pflanze etwas von der alten Erde befreit und die Wurzeln auseinandergezupft werden, damit sie sich wieder neu ausbreiten können.

6 Mithilfe des Löffels ein Loch in Größe des Wurzelballens in die Erde graben. Dort hinein stellt man die Pflanze, schüttet wieder etwas Erde darüber und drückt diese gut an die Pflanze an. Danach die Pflanze direkt bewässern.

TIPP

Ziehen Sie sich zum Einpflanzen von Kakteen Handschuhe an oder falten Sie mehrfach ein Papiertuch und wickeln Sie es vorsichtig um den Kaktus.

AUFBAU MIT EINEM NASS-STECKSCHWAMM

Für ein paar Modelle muss ein Unterbau aus einem Steckschwamm aufgebaut werden, dadurch lassen sich Dekorationen stabiler aufbauen bzw. befestigen. Ein weiterer Vorteil ist, dass man bei großen Gefäßen weniger Substrat benötigt. Der Steckschwamm kann ganz einfach mit einem Küchenmesser zurechtgeschnitten werden, es lassen sich sogar feine Scheiben von dem Schwamm abschneiden. So können Sie sich an die endgültige Steckschwammform langsam herantasten. Sollte der Steckschwamm doch einmal hohl liegen, verwendet man einfach etwas mehr Pflanz-Granulat.

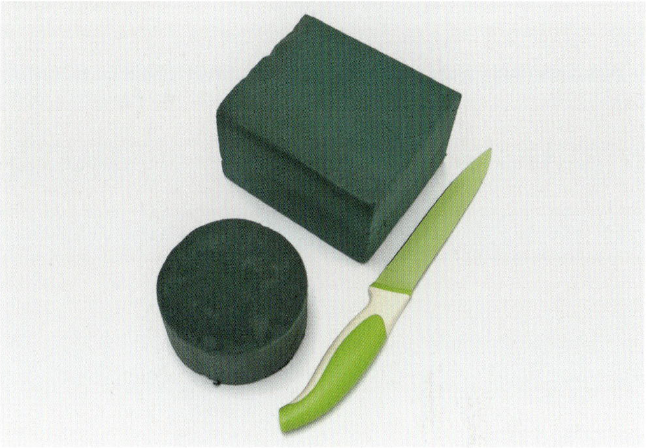

MÖBEL FÜR DEN MINI-GARTEN UMLACKIEREN

Häufig kommt es vor, dass die ausgewählten Möbel-Miniaturen farblich nicht passen. Das lässt sich aber schnell ändern. Möbel aus Metall, aber auch solche aus Holz kann man mit Sprühlack in der Wunschfarbe umlackieren. Holzmöbel können Sie auch mit Acrylfarbe oder Holzlasur einfärben. Dafür sollte man sich draußen ein Plätzchen suchen und dieses mit Zeitungspapier auslegen. Damit keine Lacknasen an den kleinen Möbeln entstehen, sollten Sie zwischen Möbelstück und Sprühflasche einen Abstand von mindestens 10 cm einhalten. Den Lack vollständig trocknen lassen, bevor die Möbel im Garten dekoriert werden.

TIPPS

- Lassen sich Deko-Objekte nicht festkleben, weil z. B. der Klebstoff auf dem gewählten Untergrund nicht haftet, können Sie mithilfe einer Heißklebepistole ein Stück Steckdraht unten an das Deko-Objekt kleben.
- Einige Deko-Objekte lassen sich auch ganz einfach aus Naturmaterialien selbst herstellen, wie z. B. Bänke, kleine Holzstapel, Zelte, Lagerfeuer, Wichteltüren etc.
- Je nach Thema können Sie auch Micro-LED-Lichterketten mit in die Mini-Gärten einarbeiten, das sorgt zusätzlich noch für ein stimmungsvolles Licht.

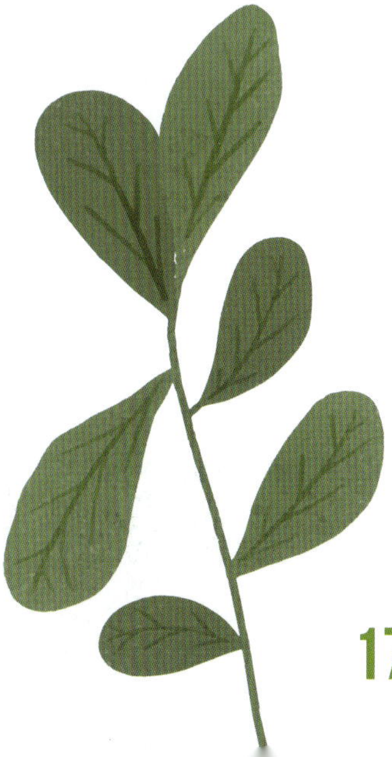

ROMANTISCHER GARTEN

1 Befüllen Sie, wie in der Grundanleitung beschrieben, die Jumbotasse mit dem Pflanzmaterial. Die Crassula in den linken hinteren Bereich der Tasse pflanzen. Um den richtigen Platz für die Leuchterblume zu finden, sollte man erst den Platz für den Rankbogen bestimmen. Neben dem Rankbogen mit dem Löffel ein Loch für die Leuchterblume graben und diese dort einpflanzen. Beide Pflanzen bewässern.

2 Das Stein-Granulat über die Erde streuen, dabei aber darauf achten, dass die Leuchterblume nicht verschüttet wird.

3 Den Rankbogen an der gewünschten Position in die Erde stecken und die Leuchterblume um ihn herumwickeln. Die kleinen Strohblumen oben an den Rankbogen kleben.

4 Für die beiden Stühle jeweils in Sitzflächengröße zwei Stuhlkissen aus dem dickeren Filz ausschneiden. Aus dem dünnen Filz eine runde Tischdecke ausschneiden, die etwas kleiner als der Durchmesser des Tisches ist.
Die kleinen Tassen hellgelb lackieren (Hinweis dazu siehe Seite 17).

5 Die Stuhlkissen auf die Stühle kleben, die Tischdecke mittig auf den Tisch. Wenn der Klebstoff getrocknet ist, die beiden Tassen auf die Tischdecke kleben. Zum Schluss die Sitzgruppe vor dem Rankbogen arrangieren.

MOTIVHÖHE

ca. 17,5 cm

MATERIALIEN

Jumbotasse, ø 12 cm, 7,5 cm hoch • Gartenvlies • Pflanz-Granulat • Substrat • Metall-Sitzgruppe: 2 Stühle, 5 cm x 3 cm x 5,5 cm; Tisch in Weiß, ø 3,5 cm, 3,5 cm hoch; Rankbogen in Weiß, 5 cm x 10 cm x 2,5 cm • 2 Mini-Kaffeetassen, 1 cm hoch • 4 kleine Strohblumen • Reste von dünnem und starkem Filz in Pastelltönen • Sprühlackfarbe in Hellgelb • Deko-Steingranulat in Weiß-Grau • Dickblatt (Crassula Candy Cane) • Leuchterblume (Ceropegia woodii) • Alleskleber • Schere • Löffel • Stift • Wasser-Sprühflasche

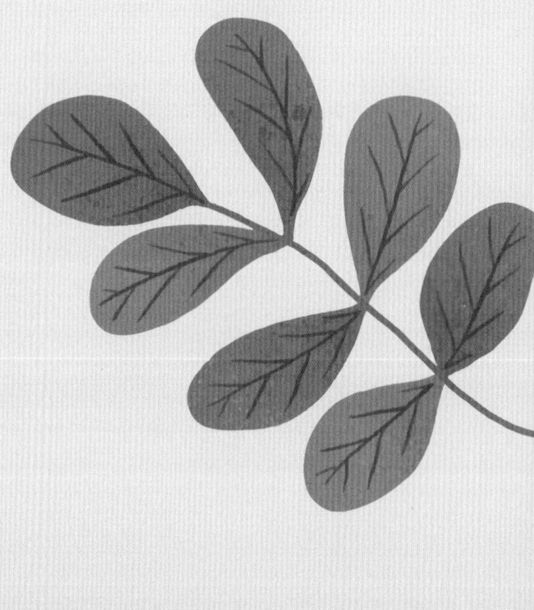

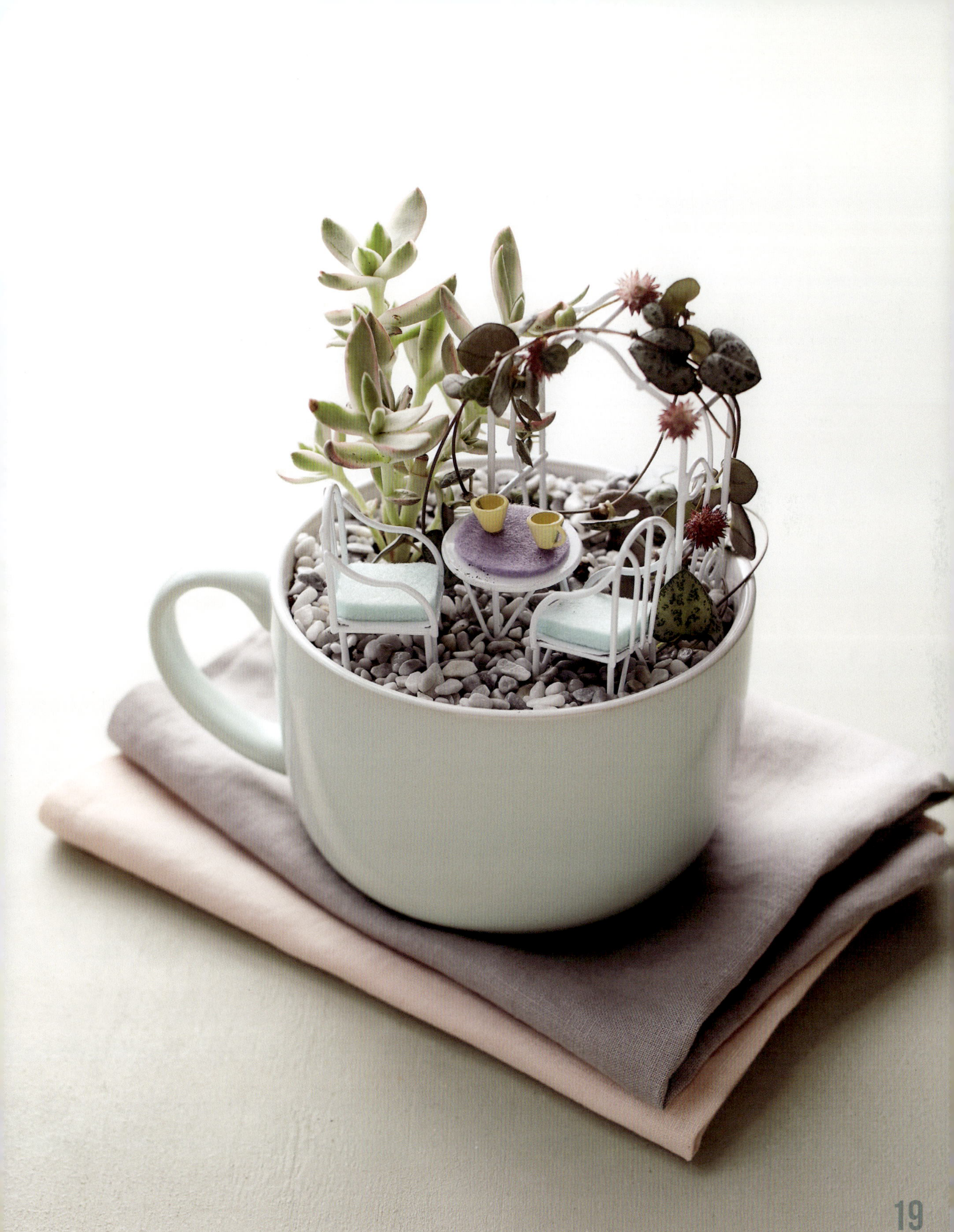

GEMÜSEGARTEN

1 Beginnen Sie mit dem dem Lackieren der Obststiege und des Eimers (Hinweise dazu siehe Seite 17).

2 Für die Obststiege acht Tomaten fertigen. Dazu acht kleine Blüten aus dem grünen Tonpapier ausstanzen und die Zahnstocher halbieren. Mithilfe des Zahnstochers mittig eine Blüte in das Perlenloch drücken. Danach den Zahnstocher kürzen, sodass nur noch ein kleiner Stiel übrig ist. Diesen mit der grünen Acrylfarbe bemalen. Eine zweite Variante, die etwas aufwendiger ist, wäre, die Tomaten aus Knetmasse zu modellieren. Dafür formt man erst eine kleine Kugel, drückt in diese mithilfe eines Zahnstochers eine kleine Vertiefung und modelliert daran einen kleinen Stängel inklusive Blätter.

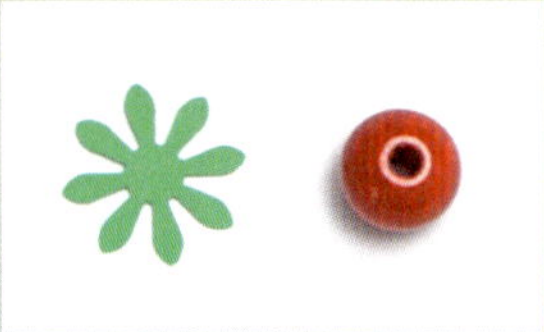

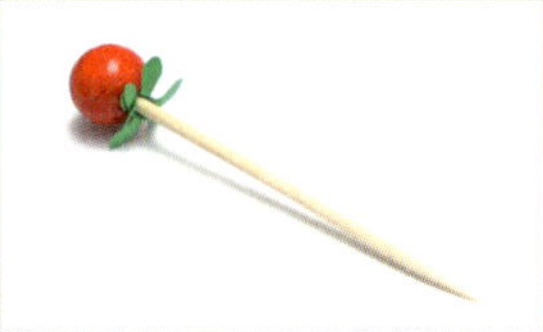

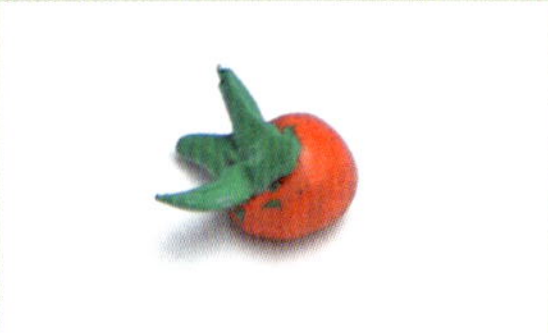

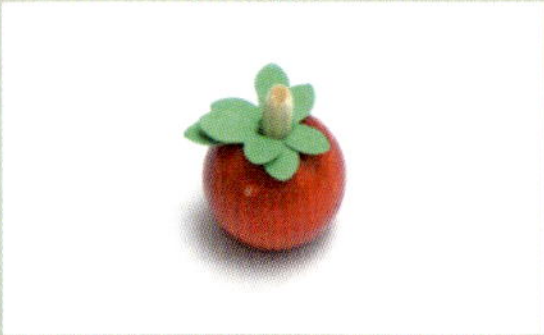

3 Die Salatschale, wie in der Grundanleitung beschrieben, mit den Pflanzmaterialien befüllen.

4 Die Zierpaprika und die Wüstenrose zusammen in den linken hinteren Bereich der Schale pflanzen, rechts an den Rand die Mosaikpflanze pflanzen.

5 Nun im rechten Winkel die Zierpaprika und die Wüstenrose als Gemüsebeet mit dem Zaun eingrenzen. Um den Zaun herum die Erde mit dem Steingranulat abdecken. Den Eimer, die Harke und den Spaten im Gemüsebeet platzieren. Die Schubkarre vor den Zaun stellen und drei Mini-Möhren hineinlegen. In die Obststiege die selbstgebastelten Tomaten legen und in den Hintergrund stellen.

MOTIVHÖHE

ca. 16 cm

MATERIALIEN

Salatschale, ø 20 cm, 9 cm hoch • Gartenvlies • Pflanz-Granulat • Substrat • Holz-Obststiege, 5 cm x 4 cm x 2 cm • Harke, 11,5 cm lang • Spaten, 13 cm lang • 3 Karotten aus Watte, 1,8 cm lang • Metalleimer, ø 2,5 cm, 3 cm hoch • 2 Metall-Zaunstücke in Weiß, je 12 cm lang • Metall-Schubkarre in Weiß, 9 cm lang • Deko-Steingranulat in Beige • Sprühlack in Hellblau • Für die Tomaten: 8 Holzperlen in Rot, ø 1 cm, Rest Tonpapier in Grün, 4 Holzzahnstocher, Acrylfarbe in Grün oder Knetmasse und Acrylfarbe in Rot und Grün • Zierpaprika „Maya" (Capsicum annuum) • Wüstenrose (Kalanchoe thyrsiflora) • Mosaikpflanze (Fittonia albivenis) • Schere • optional kleiner Blütenstanzer • Pinsel • Löffel • Stift • Wasser-Sprühflasche

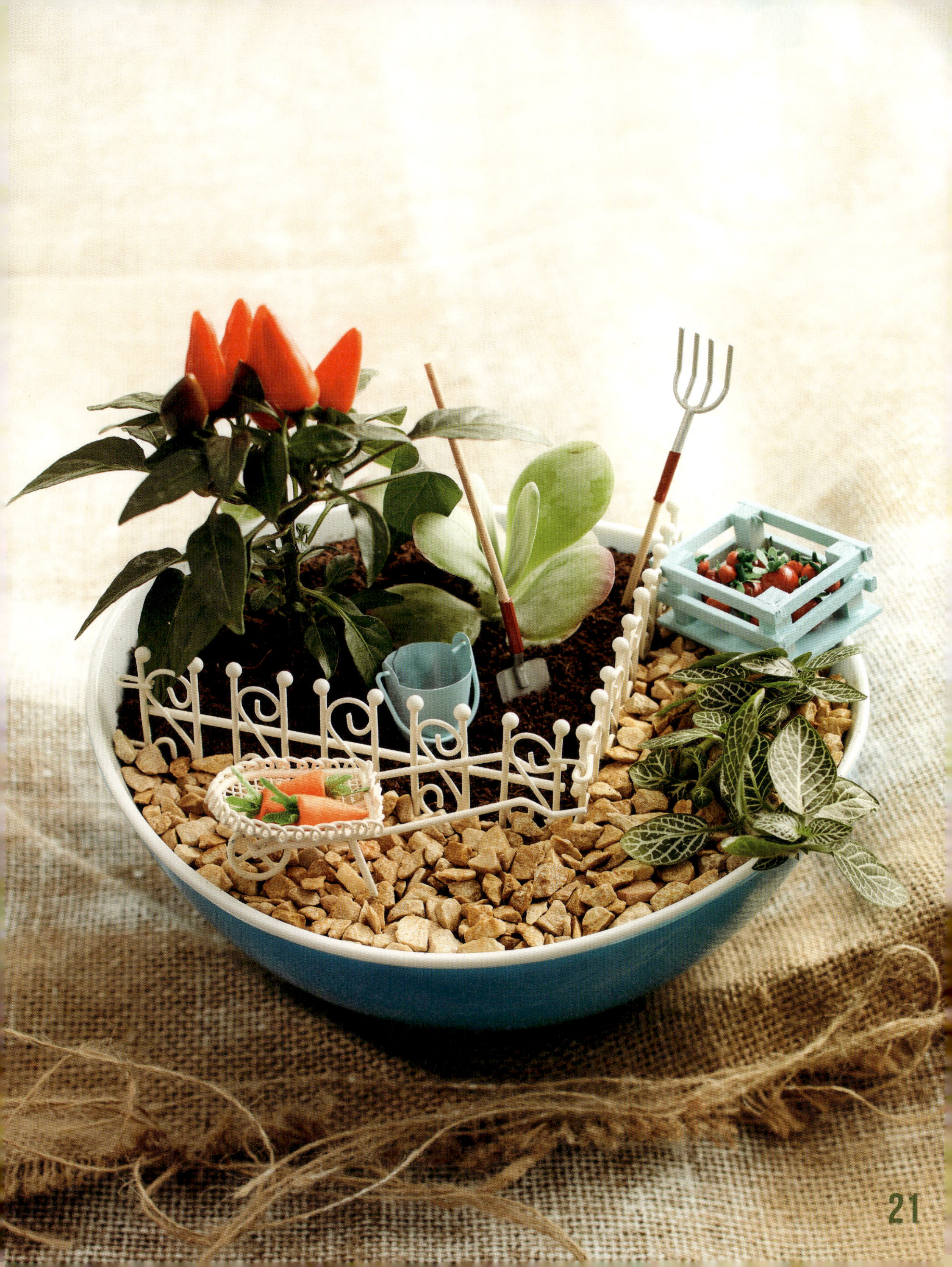

ASIATISCHER GARTEN

1 Legen Sie die Bambusschale vorab mit der Folie aus und schneiden Sie überstehende Reste ab. Danach die Schale, wie in der Grundanleitung beschrieben, mit Pflanz-Granulat, Gartenvlies und Erde befüllen.

2 Nun das Bambushäuschen zusammenbauen. Dafür in das größte Bambusrohr-Stück zwei sich gegenüberliegende Kerben, ca. 5 mm tief und ca. 1 cm breit, sägen. In diese

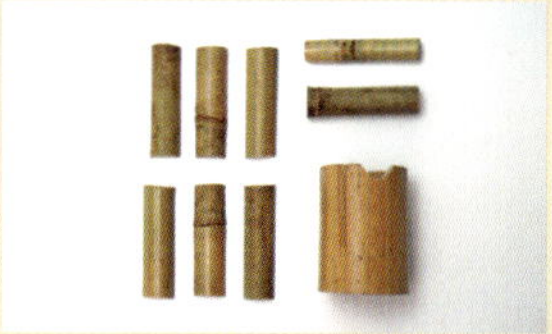

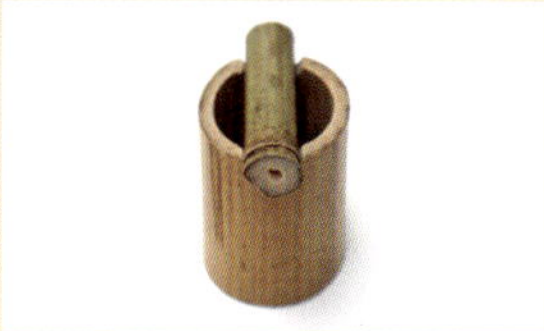

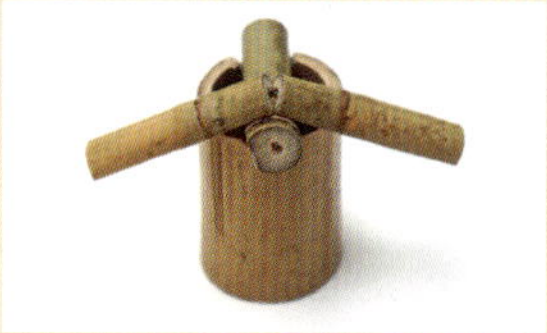

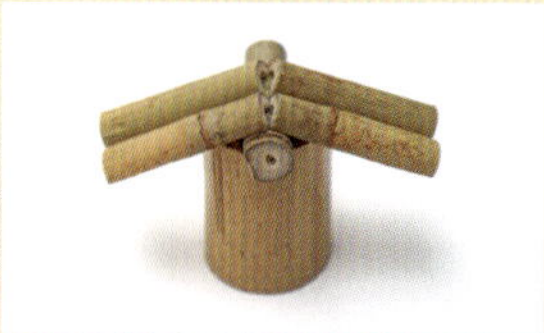

MOTIVHÖHE

ca. 19 cm

MATERIALIEN

Bambusschale, ø 19 cm, 5,5 cm hoch • etwas Folie, z. B. Frischhaltefolie • Gartenvlies • Pflanz-Granulat • Substrat • Brücke, 11 cm lang • Mini-Vögelchen mit Steckdraht, 1,3 cm • Deko-Steingranulat in Weiß und Grau • 9 Strohhalme, je 19 cm lang (ca. 20 x 8 cm-Stücke) • feiner Blumendraht in Silber • 3 Lavasteine • Bambusrohr-Stücke für das Haus (Haus: ø ca. 3,5 cm, 4,5 cm lang; Dach: ø ca. 1 cm, 3 x 4,5 cm lang, Dachbalken: ø ca. 1 cm, 5 cm lang; Dachabschluss: ø ca. 7 mm, 3,5 cm lang) • Bergpalme (Chamaedorea elegans) • Sternmoos (Sagina subulata) • Heißklebepistole • Schere • Säge • mittleres Schleifpapier • Löffel • Stift • Wasser-Sprühflasche

Kerben mithilfe der Heißklebepistole den Dachbalken kleben. Für das Dach mit der Säge die drei Bambusstücke á 4,5 cm Länge halbieren. Die Bambusrohr-Hälften nach und nach am Dachbalken festkleben. Als Dachabschluss das kleinste Bambusrohr-Stück auf die Dachschindeln kleben.

3 Für den Sichtschutz aus den Strohhalmen 20 Stücke á 8 cm herausschneiden. Halm für Halm im oberen Bereich mit dem feinen Blumendraht umwickeln, sodass alle

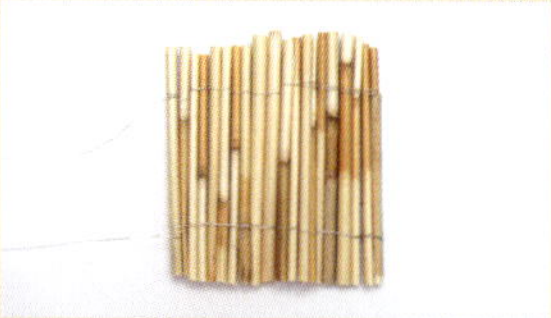

Halme miteinander verbunden sind. Dies wiederholt man auch im unteren Bereich. Die überstehenden Drahtenden jeweils miteinander verzwirbeln und auf die Rückseite des Sichtschutzes biegen. Nun kann der Sichtschutz noch in Form geschnitten werden, z. B. in einer leichten Welle oder einer Schräge.

4 Der Weg, der zum Bambushaus führt, entsteht aus einem Stück Gartenvlies und dem weißen Steingranulat. Dafür aus dem Gartenvlies wellenförmig ca. 11 cm x

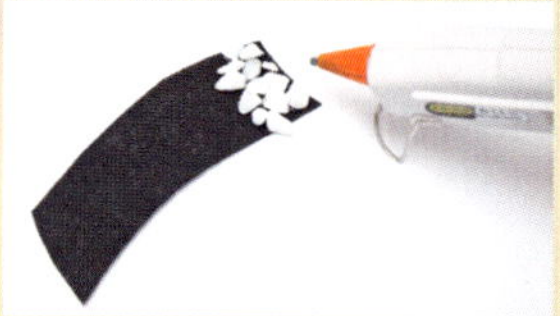

4 cm herausschneiden. Zuvor prüfen, ob der Weg auch in die Schale passt, ggf. das Gartenvliesstück entsprechend anpassen. Stück für Stück reichlich Heißkleber auf das Gartenvlies geben und das Steingranulat direkt aufkleben, bis der Weg komplett bedeckt ist. Sollte zum Schluss noch Gartenvlies durchschimmern, einzelne Steine darauf kleben.

5 Das Bambushäuschen an den hinteren Rand der Schale stellen, rechts davon die Bergpalme einpflanzen, links davon und im vorderen rechten Bereich das Sternmoos. Alle Pflanzen direkt nach dem Einpflanzen bewässern. Damit der Weg sich etwas vertieft in der Schale befindet, die seitlichen Bereiche der Schale mit etwas mehr Erde anhäufeln. Danach die Erde mit dem grauen Steingranulat bedecken. Im vorderen Bereich der Schale die Brücke über dem Weg platzieren, hinter diese das Mini-Vögelchen stecken. Zusätzlich die drei Lavasteine verteilen.

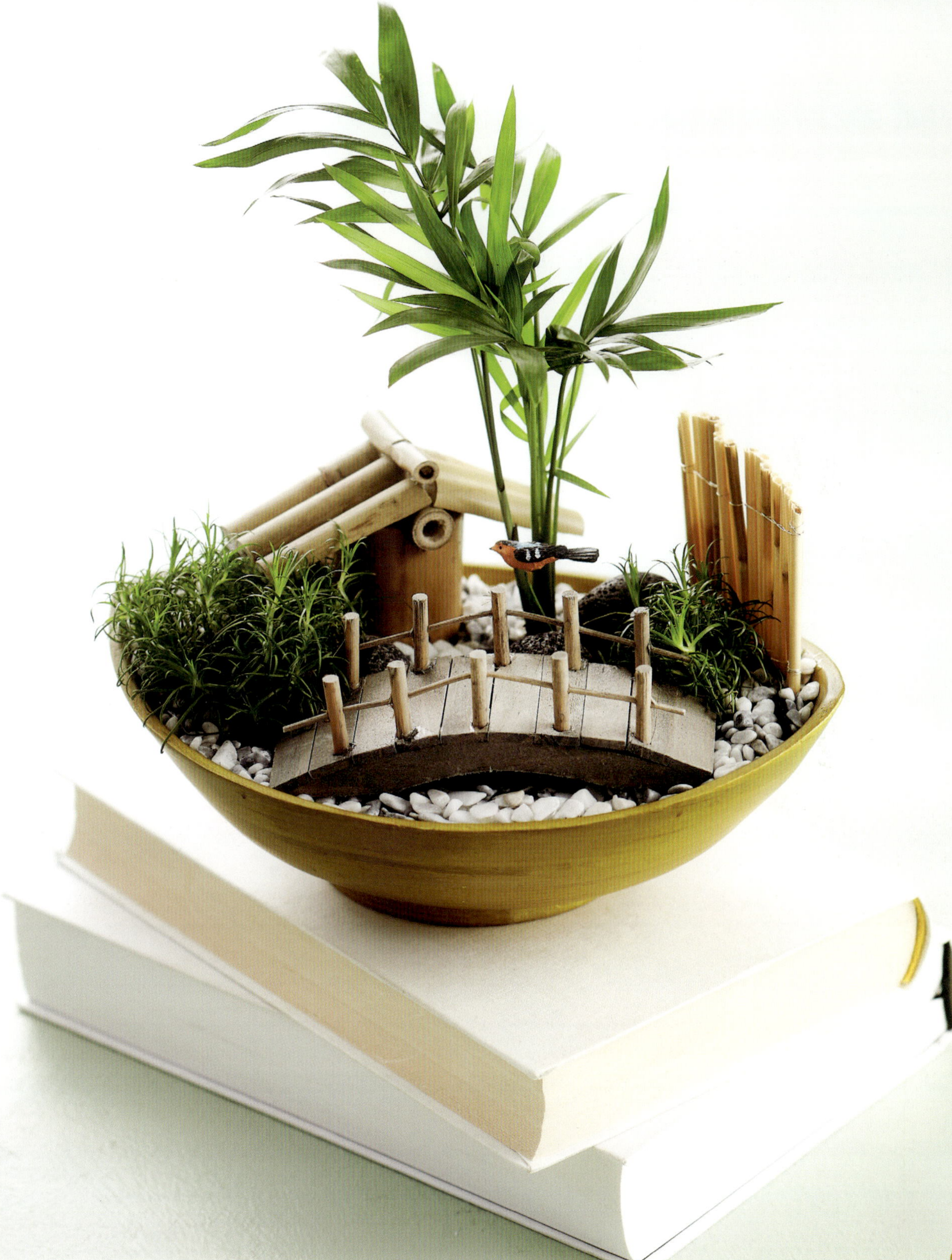

HAPPY BIRTHDAY-GARTEN

1 Befüllen Sie die Müslischale, wie in der Grundanleitung beschrieben, mit dem Pflanzmaterial.

2 In den hinteren Bereich der Schale das Flammende Käthchen und die Punktblume pflanzen. Im Anschluss die Pflanzen direkt wässern. Das Deko-Steingranulat danach auf der Erde verteilen.

3 Für die Wimpel-Kette aus weißem Fotokarton 13 Rauten ausschneiden. Zum Aufzeichnen empfiehlt es sich, die Rauten-Vorlage zu verwenden. Die Rauten in der Mitte falzen und die Hälften mit den Buchstaben des Schriftzuges „HAPPY BIRTHDAY" bestempeln. Danach aus dem Bakers Twine jeweils ein Stück von 20 cm und eines von 24 cm abschneiden. Das kürzere Stück verwendet man für das Wort „HAPPY", das längere für „BIRTHDAY". Beim kürzeren Stück am Anfang ca. 5,5 cm frei lassen und nach und nach die Rauten-Hälften des ersten Schriftzuges an das Band kleben. Beim längeren Band lässt man am Anfang ca. 6,5 cm frei und klebt daran den zweiten Schriftzug.

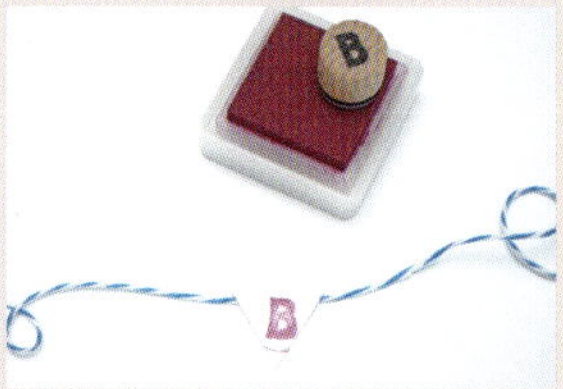

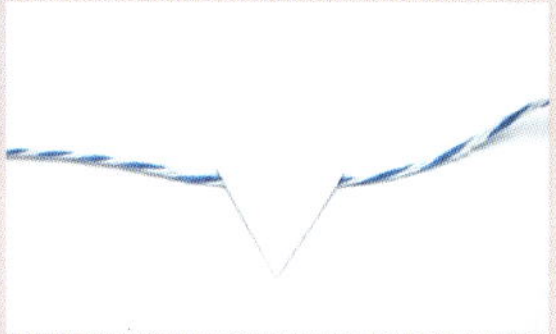

4 Die beiden Strohhalme jeweils am oberen Ende etwas einschneiden. Die unteren Enden mit etwas Klebeband umwickeln, damit die Strohhalme nicht durchnässen. Die beiden Strohhalme nun etwas schräg hinter die Pflanzen stecken. Die Schnur-Enden der ersten Wimpelkette mit „Happy" an den eingeschnittenen Enden einklemmen. Die zweite Wimpelkette mit „Birthday" ebenfalls dort einklemmen, allerdings lässt man diese stärker durchhängen, da der Schriftzug länger ist. Zum Schluss die Schnur-Enden der Wimpelketten angleichen.

5 Die drei Erdbeerkuchenstücke mithilfe der Heißklebepistole auf dem mitgelieferten Teller nebeneinanderkleben, die Mini-Gabel neben eines der Kuchenstücke kleben. Den dekorierten Teller auf den Metall-Tisch kleben. Den Tisch vor die Pflanzen stellen, rechts neben dem Tisch die Geschenkpakete dekorieren.

MOTIVHÖHE

ca. 14,5 cm

MATERIALIEN

Müslischale, ø 14 cm, 6 cm hoch • Gartenvlies • Pflanz-Granulat • Substrat • Metall-Tisch in Weiß, 5,5 cm hoch • 3 Erdbeertortenstücke mit Teller • 3 Mini-Geschenke • Deko-Steingranulat in Hellgrau • 2 Papierstrohhalme in Blau-Weiß, je 19,5 cm lang • Buchstaben-Stempel • Stempelkissen in Pink • Rest Fotokarton in Weiß • Bakers Twine in Blau-Weiß, 44 cm lang • etwas Klebeband • Punktblume (Hypoestes phyllostachya) • Flammendes Käthchen (Kalanchoe blossfeldiana) • Heißklebepistole • Alleskleber • Schere • Bleistift • Cutter • Löffel • Wasser-Sprühflasche

RAUTEN-VORLAGE

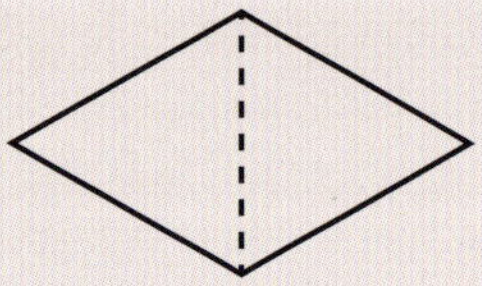

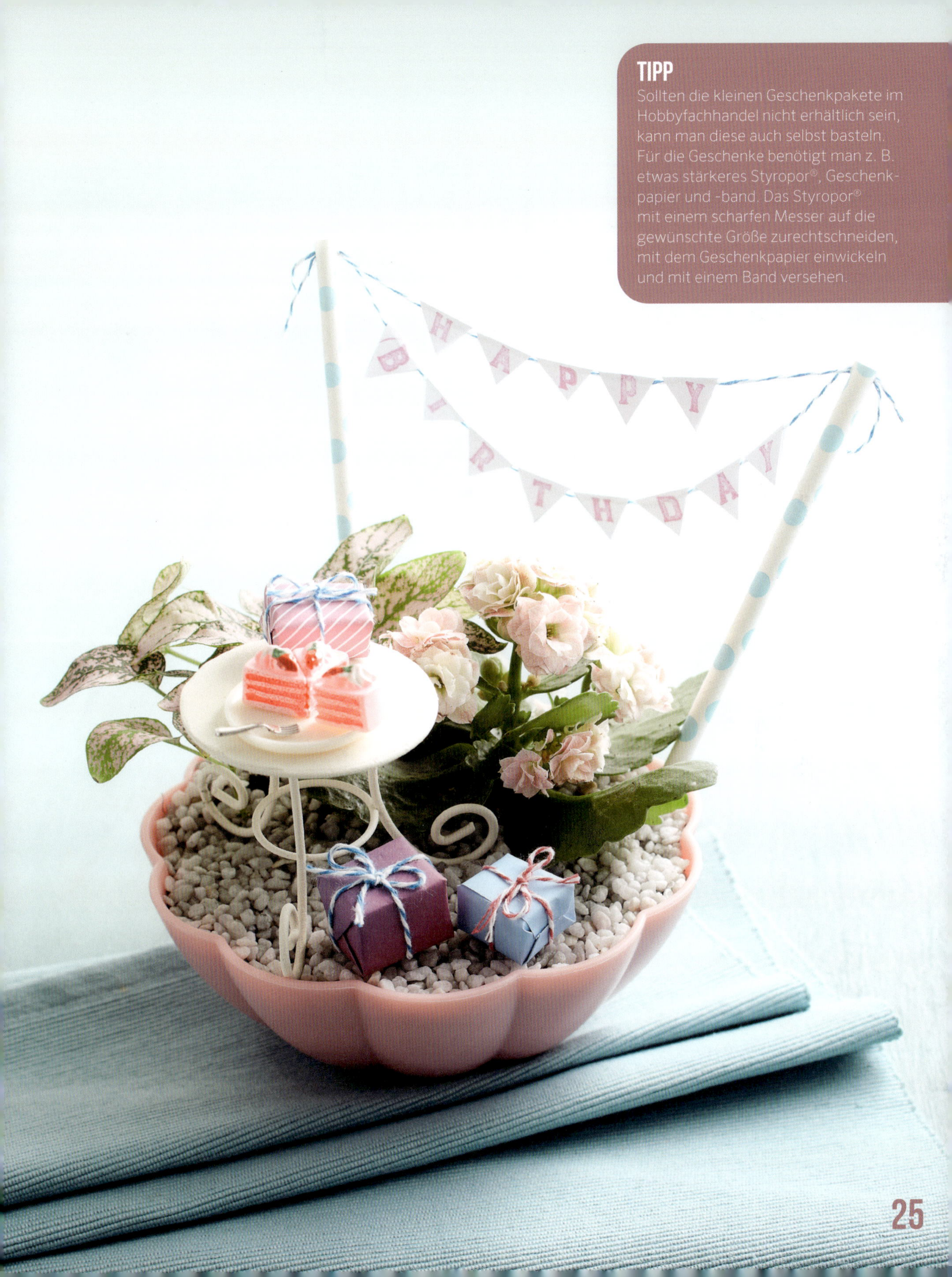

TIPP

Sollten die kleinen Geschenkpakete im Hobbyfachhandel nicht erhältlich sein, kann man diese auch selbst basteln. Für die Geschenke benötigt man z. B. etwas stärkeres Styropor®, Geschenkpapier und -band. Das Styropor® mit einem scharfen Messer auf die gewünschte Größe zurechtschneiden, mit dem Geschenkpapier einwickeln und mit einem Band versehen.

BLUMENWIESE

1 Befüllen Sie die Tasse mit Pflanz-Granulat, Gartenvlies und bis ca. 3 cm zum Tassenrand mit Erde.

2 Das Stück Gartenzaun von beiden Seiten mit dem mauvefarbenen Lack besprühen (Hinweise dazu siehe Seite 17) und gut durchtrocknen lassen.

3 Den runden Steckschwamm mithilfe des Küchenmessers in der Höhe auf 2,5 cm kürzen. Aus diesem Stück mittig ein Loch, ø ca. 5 cm, herausschneiden und den Steckschaum halbieren.

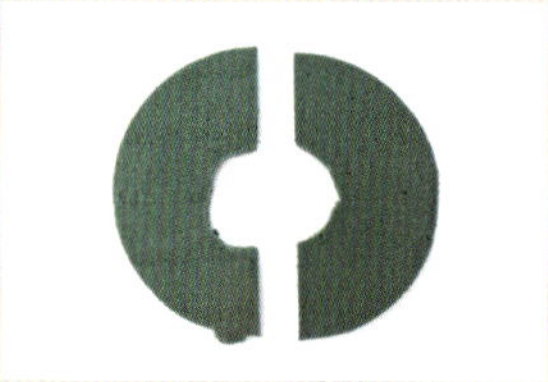

4 Um die Strohblümchen besser in das Moos stecken zu können, mithilfe der Zange sechs Stücke á 4 cm vom Steckdraht abknipsen. Mit der Heißklebepistole die Steckdrahtstücke von unten an die Strohblumen kleben.

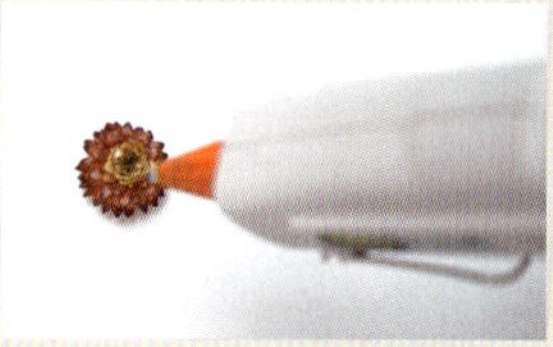

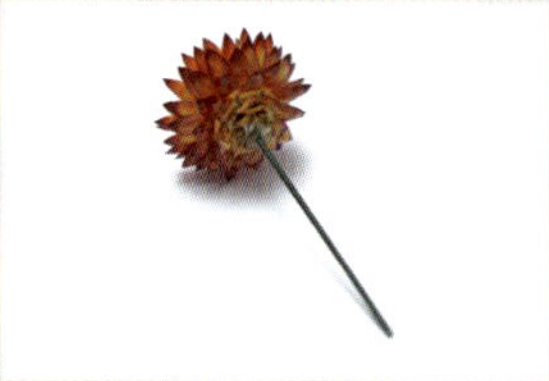

5 Nun mittig die Glücksfeder einpflanzen und die beiden Steckschwamm-Hälften darum legen. Auf diese klebt man nun flächig das Plattenmoos, bis die Oberfläche komplett bedeckt ist.

6 Wenn die Farbe des Gartenzauns getrocknet ist, biegt man ihn in die runde Form der Tasse und steckt ihn entlang des hinteren Tassenrandes. Die Miniatur-Bank direkt an der Pflanze platzieren. Das kleine Vogelhäuschen hinter den Gartenzaun stecken. Das Mini-Vögelchen ist bereits auf einen Steckdraht montiert, dieser wird einfach durch die Bank gesteckt, sodass das Vögelchen scheinbar auf der Bank sitzt. Zum Schluss nach Belieben die Strohblumen auf dem Moos verteilen.

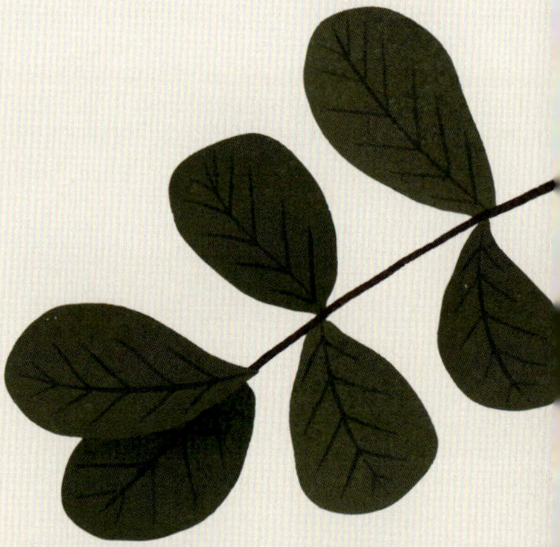

MOTIVHÖHE

ca. 18,5 cm

MATERIALIEN

Tasse, ø 10,5 cm, 8,5 cm hoch • Gartenvlies • Pflanz-Granulat • Substrat • Mini-Gartenbank, 2 cm x 5 cm • Mini-Vögelchen, 1,3 cm • Mini-Vogelhäuschen, 3,5 cm hoch • 6 Strohblumen in verschiedenen Größen und Farben • Plattenmoos • Steckdraht, 0,8 mm stark, 36 cm lang • Gartenzaun, ca. 8 cm hoch, 5 cm lang • Nass-Steckschwamm, 5 cm hoch, ø 8 cm • Sprühlack in Mauve • Glücksfeder (Zamioculcas zamiifolia) • Zange • Heißklebepistole • Küchenmesser • Löffel • Schere • Stift • Wasser-Sprühflasche

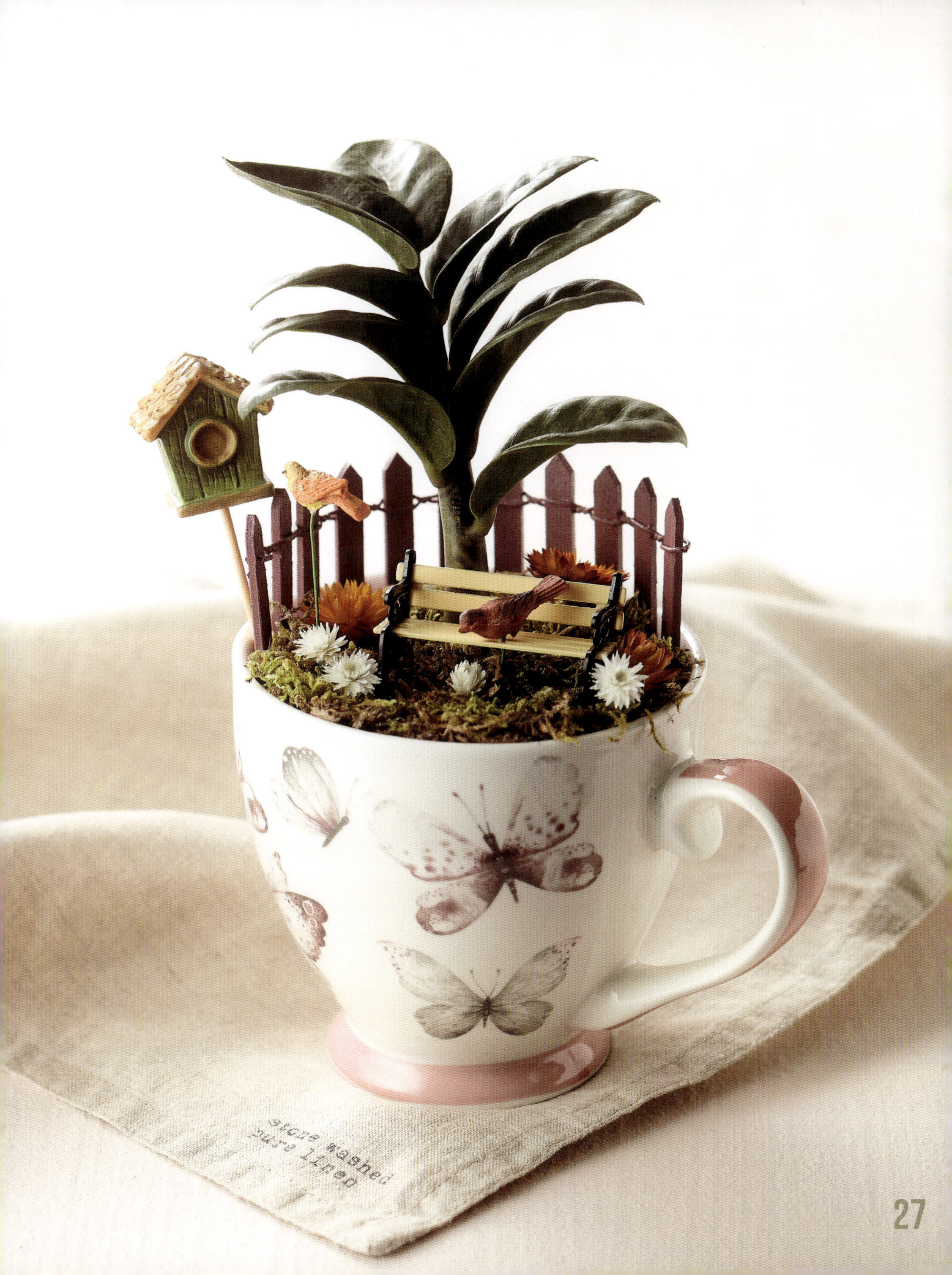
stone washed
pure linen

OSTERGARTEN

1 Befüllen Sie die Jumbotasse, wie in der Grundanleitung beschrieben, mit dem Pflanzenmaterial.

2 Die Nolina-Pflanze in den linken hinteren Bereich der Tasse pflanzen. Die restliche Fläche der Tasse mit dem Sternmoos bepflanzen. Im Anschluss sollten die Pflanzen direkt bewässert werden.

3 Zwei kleine Styropor®-Eier sowie ein großes Ei auf den Metall-Stuhl kleben, in die restlichen sechs Eier jeweils ein Steckdrahtstück á 6 cm stecken. An die Holz-Hasen und -Blumen mithilfe der Klebepistole von hinten ebenfalls je ein Steckdrahtstück á 4 cm kleben.

4 Den Stuhl mit den Ostereiern im rechten Bereich der Tasse platzieren. Die Eier nach Wahl auf der Fläche verteilen und die Häschen sowie die Blumen etwas versteckt dekorieren.

MOTIVHÖHE

ca. 22 cm

MATERIALIEN

Jumbotasse, ø 12 cm, 10 cm hoch • Gartenvlies • Pflanz-Granulat • Substrat • Metall-Stuhl in Weiß, 10,5 cm hoch • 9 Styropor®-Eier, 3 x 3,5 cm groß, 6 x 2 cm groß • 2 Streuteile Holz-Hasen, 4,8 und 6 cm hoch • 2 Streuteile Holz-Blumen, je 3,5 cm hoch • Steckdraht, 0,8 mm stark, 36 cm lang • Sternmoos (Sagina subulata) • Elefantenfuß (Nolina) • Heißklebepistole • Zange • Schere • Löffel • Stift • Wasser-Sprühflasche

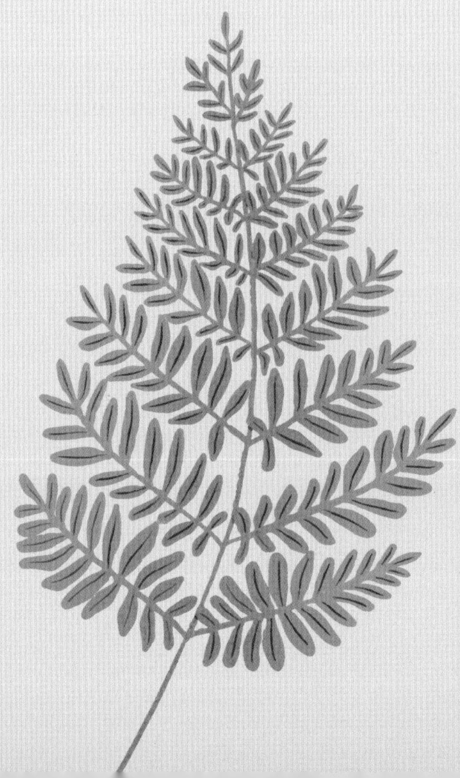

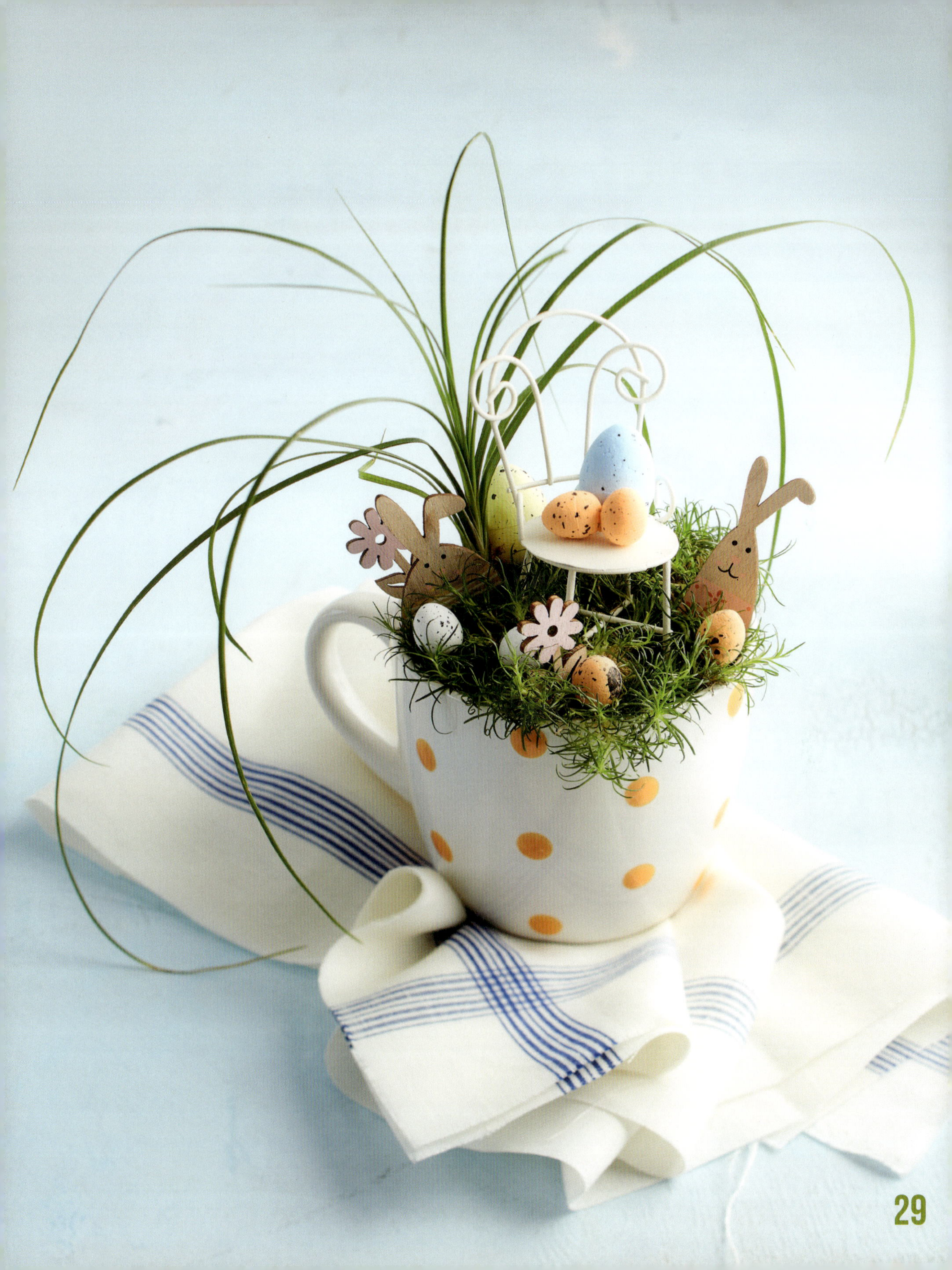

MINI-SPIELPLATZ

1 Füllen Sie die Jumbotasse zu einem Viertel mit Pflanz-Granulat auf. Darauf legen Sie das zugeschnittene Gartenvlies und füllen bis ca. 3 cm zum Rand mit Erde auf.

2 Für den Sandkasten den Steckschwamm auf das Maß ca. 8,5 cm x 8,5 cm x 2,5 cm zuschneiden und an der linken Seite etwas abrunden. Entlang des Randes die Ziegelsteine mit der schmalen Seite aufstellen. An den Ecken und an der Rundung die kleinen Ziegelsteine mitverarbeiten. Die Steine mithilfe der Heißklebepistole nach und nach auf dem Steckschwamm festkleben. Nun den Sandkasten auf die Erde legen.

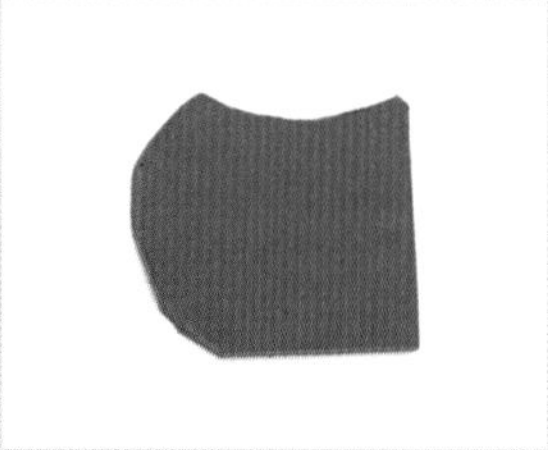

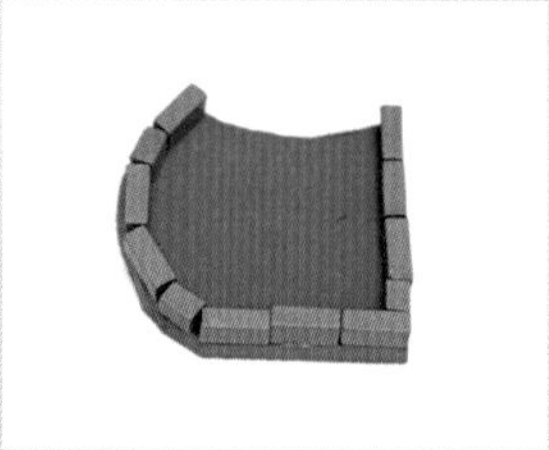

3 In den hinteren Bereich zwischen Sandkasten und Tassenrand die Grünlilie und den Mini-Zierpfeffer pflanzen. Die anderen Zwischenräume mit dem Moos auffüllen. Nachdem die groben Pflanzarbeiten erledigt sind, den Sandkasten mit dem Sand auffüllen und anschließend mit den Modellbaufiguren und Spielplatz-Elementen dekorieren.

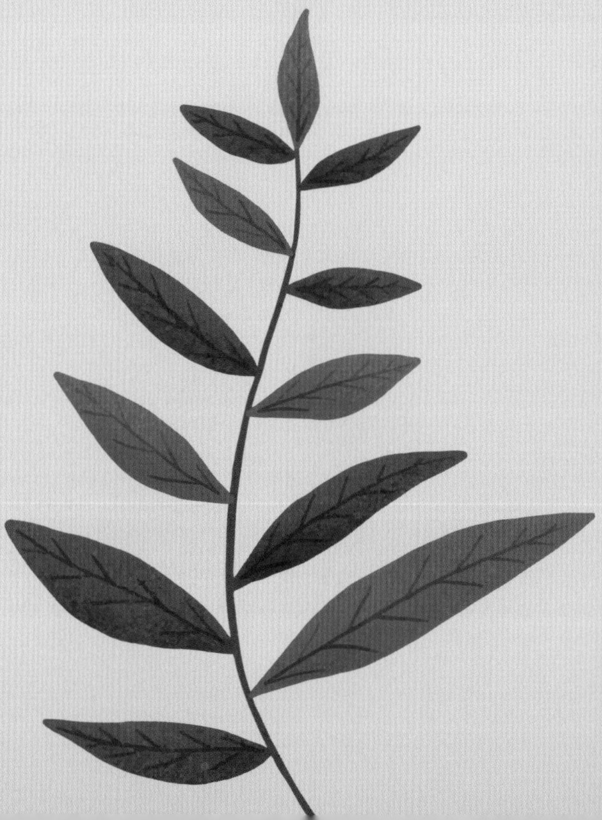

MOTIVHÖHE

ca. 16 cm

MATERIALIEN

Jumbotasse, ø 12 cm, 9 cm hoch • Gartenvlies • Pflanz-Granulat • Substrat • Spielplatz-Modellfiguren und Rutsche, Maßstab 1:87 • 9 Ziegelsteine, 2,2 cm x 1,2 cm x 0,7 cm • 3 Ziegelsteine, 1,1 cm x 1,2 cm x 0,7 cm • Nass-Steckschwamm, 8 cm x 11 cm x 23 cm • Sand • Plattenmoos • Grünlilie (Chlorophytum comosum) • Mini-Zierpfeffer (Prostrata) • Küchenmesser • Alleskleber • Pinzette • Löffel • Stift • Wasser-Sprühflasche

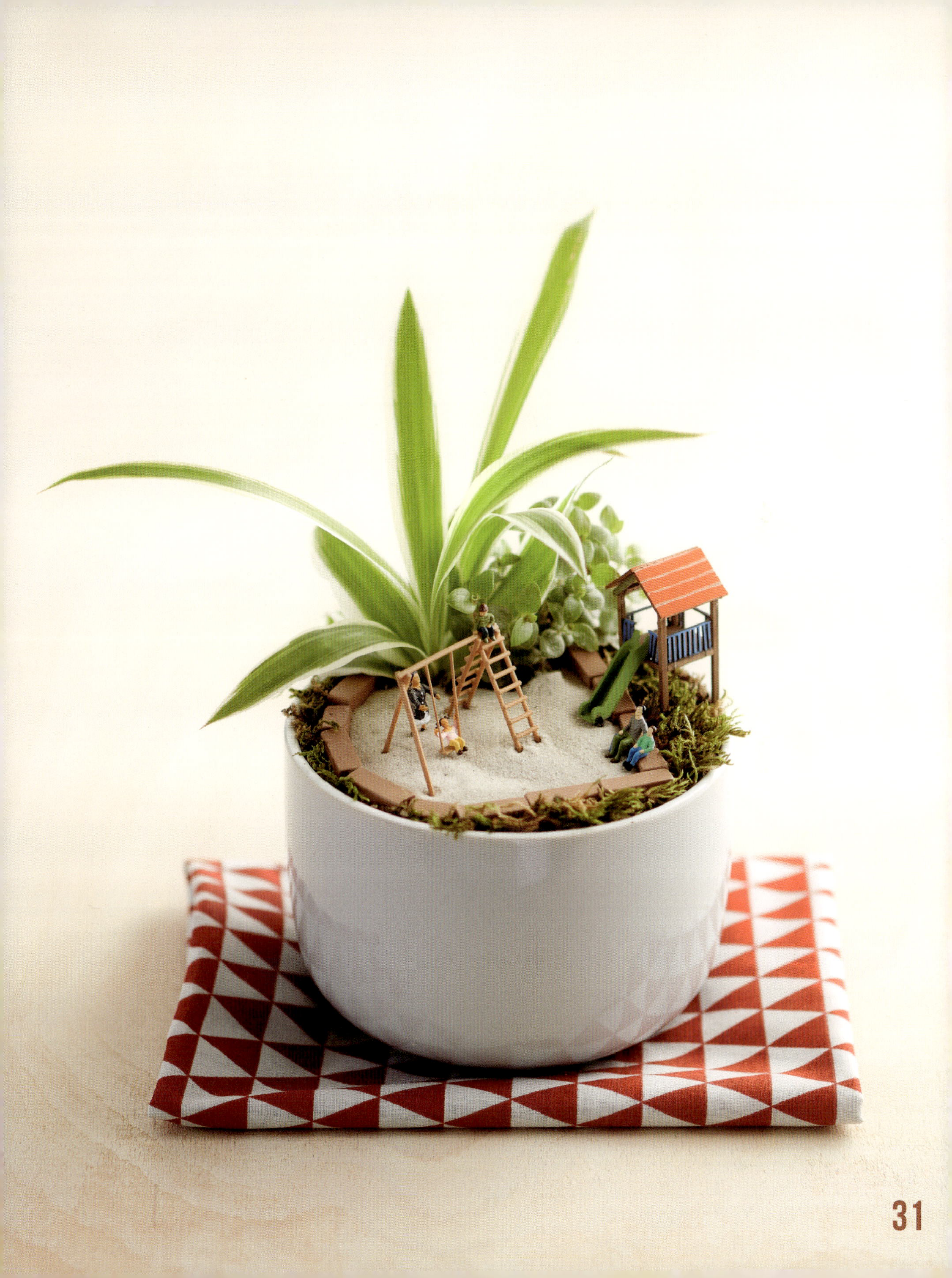

VINTAGE-GARTEN

1 Befüllen Sie die Tasse, wie in der Grundanleitung beschrieben, mit dem Pflanz-Granulat, dem Gartenvlies und der Erde. Im hinteren Bereich der Tasse einen größeren Tuff der Fetthenne pflanzen, im vorderen Bereich rechts und links jeweils einen kleinen Ableger der Fetthenne.

2 Den Eimer und die Gießkanne mit der fliederfarbenen Lackfarbe besprühen (Hinweise dazu siehe Seite 17).

3 Den kleinen Eimer mit dem Lavendel und den Strohblümchen dekorieren. Dazu die Stiele kürzen und zunächst einen üppigen Strauß mit Lavendel in den Eimer stecken. Dann die Strohblümchen mittig zwischen dem Lavendel arrangieren.

4 Eines der Vögelchen in die Fetthenne stecken, das zweite nahe an den Tassenrand stecken, damit der Eindruck entsteht, es würde auf dem Rand sitzen.

MOTIVHÖHE

ca. 10,5 cm

MATERIALIEN

Tasse, ø 10 cm, 7 cm hoch • Gartenvlies • Pflanz-Granulat • Sukkulenten-Substrat • Metall-Gießkanne, 3 cm hoch • Metall-Eimer, 2,8 cm hoch • 2 Mini-Vögelchen, 1,3 cm groß • 4 kleine Strohblumen • getrockneter Lavendel • feines Deko-Steingranulat in Grau • Sprühlack in Flieder • Fetthenne (Sedum reflexum) • Schere • Löffel • Stift • Wasser-Sprühflasche

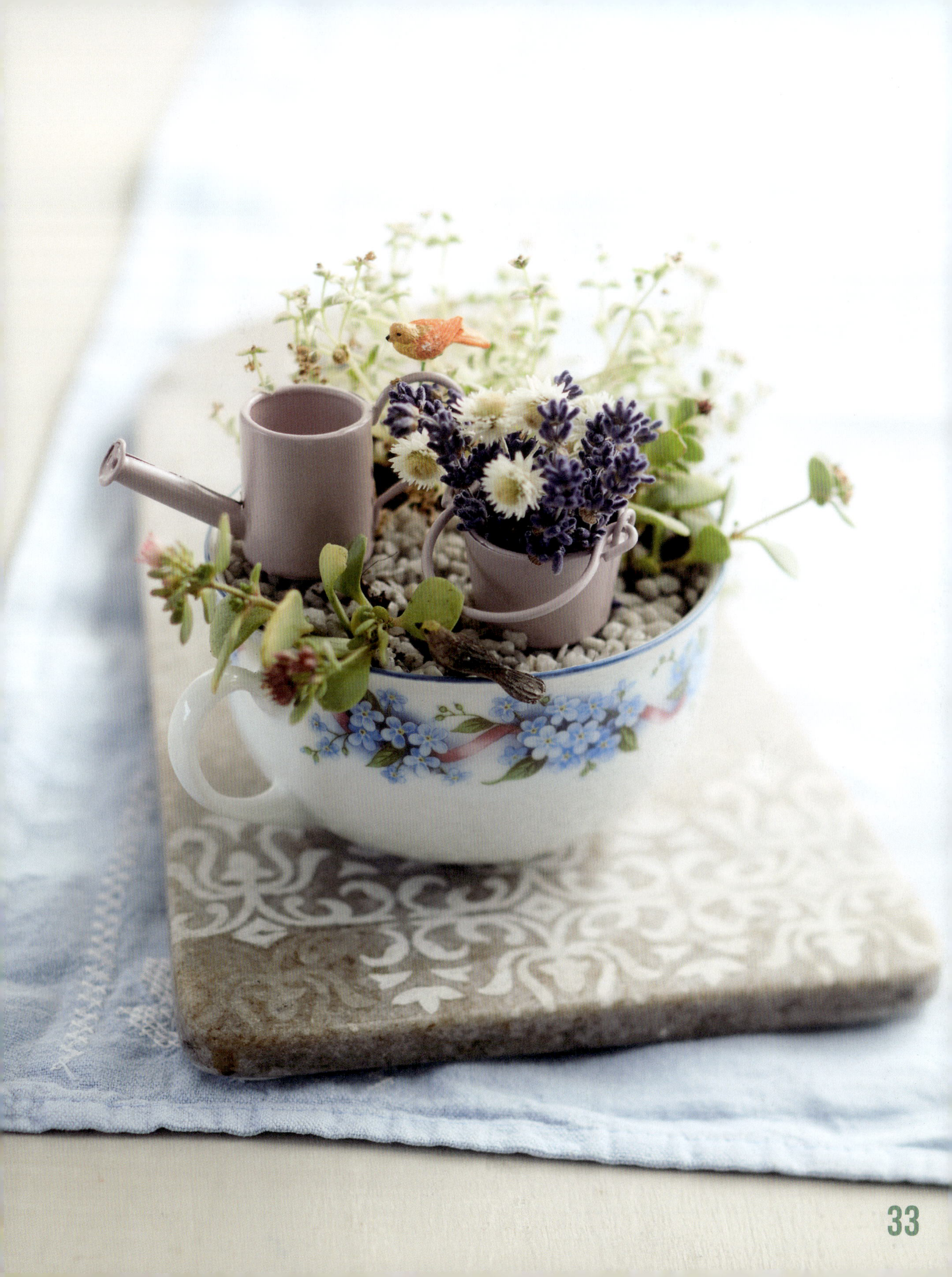

FEEN-GARTEN

1 Schneiden Sie den Steckschwamm für den großen Terrakotta-Topf stufenförmig und schräg zu. Die erhöhte Stufe dient als Ablage für den kleineren Topf – so muss der große Topf nicht komplett mit Erde befüllt werden.

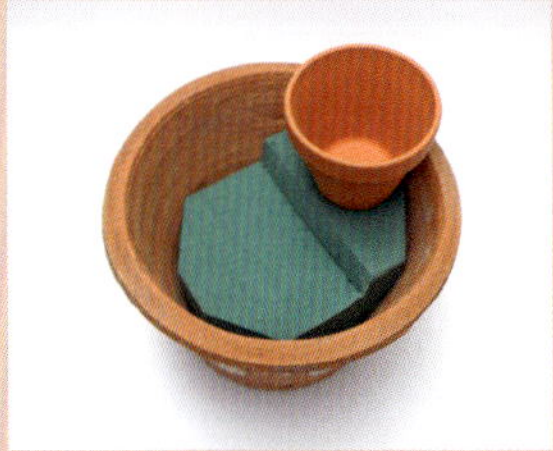

2 Den großen Topf auf den Unterteller und mithilfe der Heißklebepistole den kleinen Topf auf den Steckschwamm kleben. Die Wichteltür am großen Topf und am Unterteller festkleben. Danach versetzt zueinander in unterschiedlichen Höhen die Fenster ankleben. Zusätzlich etwas Islandmoos an den Topf, aber auch an den Unterteller kleben und einen großen und zwei kleine Holz-Pilze dazudekorieren.

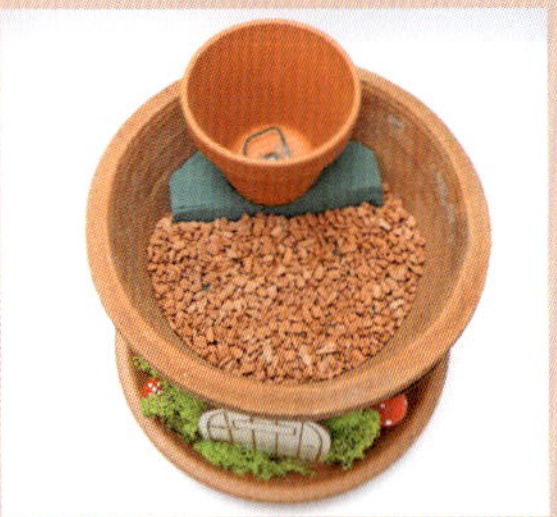

3 Den großen Topf bis zur Steckschwamm-Stufe mit dem Pflanz-Granulat auffüllen, darauf die Erde geben. In den großen Topf links die Crassulaceae pflanzen, rechts den Mauerpfeffer sowie das Efeu. Die Erde mit dem Plattenmoos bedecken.

4 Den Boden der kleinen Tonschale mit dem Granulat bedecken, darauf ein Stück Gartenvlies von ø ca. 11,5 cm legen. Nun die Schale mit Erde auffüllen und in den linken Bereich den Glückstaler pflanzen. Auch hier die Erde mit dem Plattenmoos bedecken.

5 Mit dem Hammer vorsichtig den Mini-Terrakotta-Topf halbieren. Die schönere Hälfte mit dem Plattenmoos bekleben, sodass eine kleine Höhle entsteht.

6 Für die Schaukel benötigt man einen Ast mit einer Verzweigung. Die Schaukel-Sitzfläche aus einem kleinen halbierten Holzstück, in das man rechts und links jeweils ein kleines Loch bohrt, fertigen. Durch diese Löcher jeweils ein Stück Kordel von ca. 8 cm führen, die Enden unter der Sitzfläche verknoten. Die oberen Enden der Kordel an der Astverzweigung verknoten.

7 Den Holzzaun um den Rand der Terrakotta-Schale stecken, davor den Ast mit der Schaukel. Auf die Sitzfläche der Schaukel die Raupe sowie auf das Moos drei kleine Gänseblümchen kleben. Die Schale auf den kleineren Terrakotta-Topf stellen. Die kleine Mooshöhle auf die Moosfläche des großen Topfes legen, in dieser den Marienkäfer verstecken. Auf die Höhle die Leiter stellen. Die Biene an den Rand des Topfes kleben. Für einen Farbkontrast noch weitere kleine Pilze in die Moosfläche stecken.

MOTIVHÖHE

ca. 25 cm

MATERIALIEN

Terrakotta-Topf, ø 18 cm, 12 cm hoch • Gartenvlies • Pflanz-Granulat • Substrat • Terracotta-Unterteller, ø 19 cm • Terrakotta-Topf, ø 8 cm, 6,5 cm hoch • Terrakotta-Schale, ø 12 cm, 4 cm hoch • Mini-Terrakotta-Topf, ø 4,5 cm, 4 cm hoch • Wichtel-Holztür in Natur, 6,5 cm x 9,5 cm • 2 Wichtel-Holz-Fenster, 4,5 cm hoch • Mini-Marienkäfer, ca. 1 cm • 3 Polyresin Gänseblümchen, 1,5 cm • Holzleiter, 6 cm x 2 cm x 0,2 cm • Zaun, 25 cm lang, 5 cm hoch • Islandmoos in Maigrün • Plattenmoos in Natur • 3 Fliegenpilze, ca. 1 cm hoch • Holz-Fliegenpilz, 5 cm hoch • Biene, 2 cm • Raupe, 2 cm • Ast, ca. 8 cm lang • Holzstück, ca. 5 cm • Kordel, ca. 16 cm lang • Nass-Steckschwamm, 8 cm x 11 cm x 23 cm • Efeu (Hedera helix) • Glückstaler (Pilea peperomioides) • Dickblatt (Crassulaceae) • Mauerpfeffer (Sedum palmeri) • Säge • Schere • Heißklebepistole • feiner Bohrer • Zange • Küchenmesser • Stift • Schere • Löffel • Hammer • Wasser-Sprühflasche

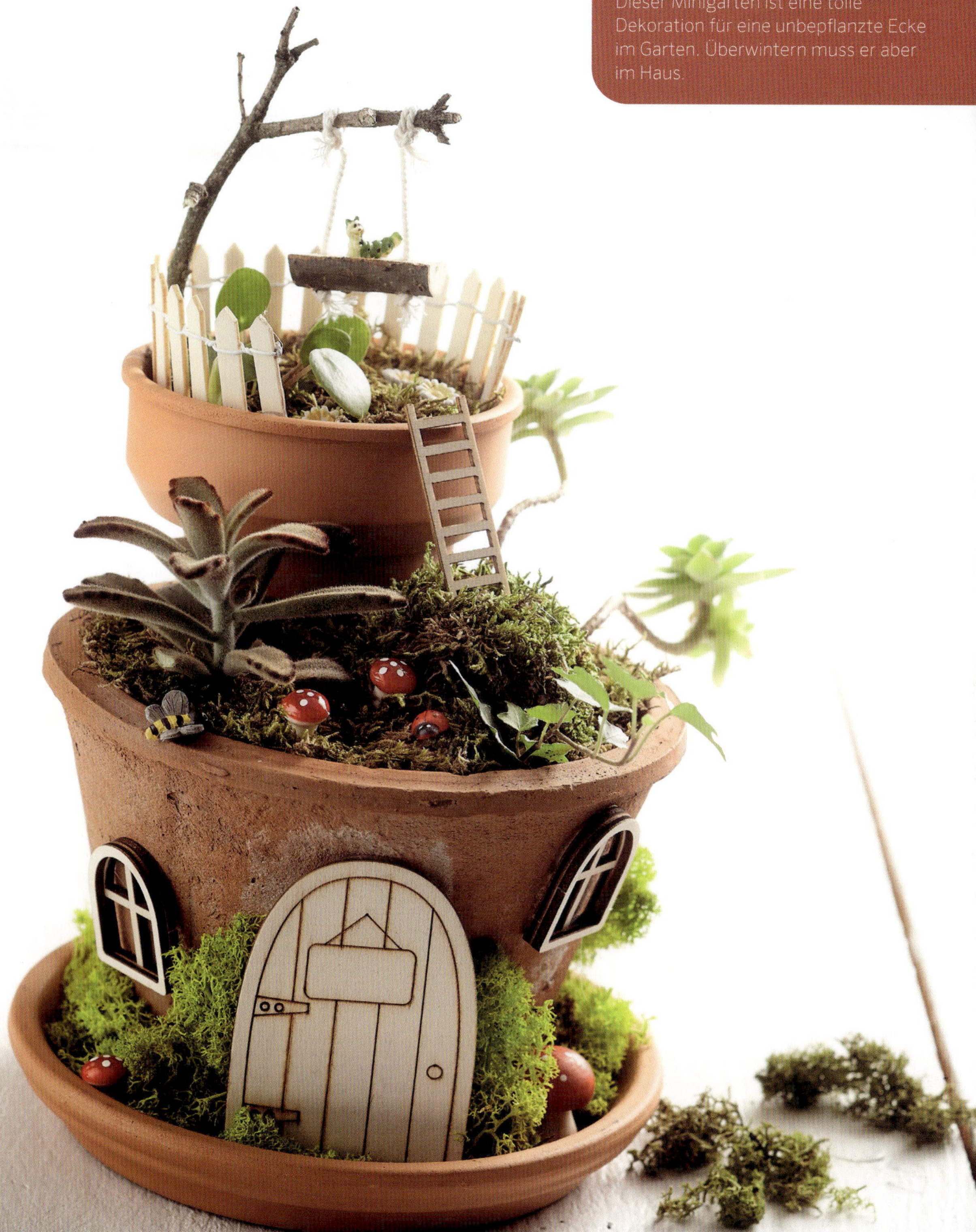

TIPP
Dieser Minigarten ist eine tolle Dekoration für eine unbepflanzte Ecke im Garten. Überwintern muss er aber im Haus.

EXOTISCHER GARTEN

1 Bereiten Sie die Müslischale, wie in der Grundanleitung beschrieben, mit dem Pflanz-Granulat, dem Gartenvlies und der Erde vor. Am Schalenrand den Christusdorn und die Bergpalme auf der Erde platzieren und an der gewünschten Stelle einpflanzen.

2 Den Liegestuhl mit dem Sprühlack in Türkis, den Sonnenschirm in Hellgelb umlackieren (Hinweise dazu siehe Seite 17).

3 Den Tukan mithilfe der Heißklebepistole oben auf dem Bambusstab befestigen.

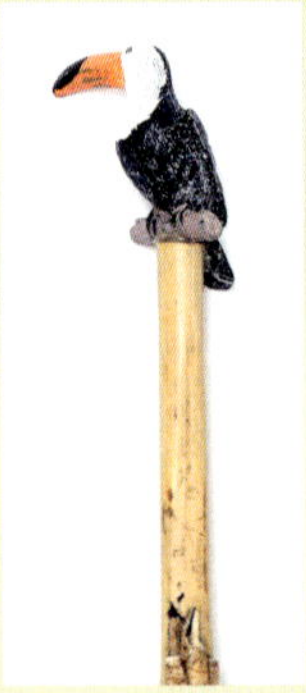

4 Stecken Sie nun den Bambusstab mit dem Tukan zwischen die Pflanzen und verteilen Sie die Natursteine über die Erde. Die Tillandsia am linken Schalenrand platzieren, sie wird einfach nur auf die Steine gelegt. Die Liege und den Sonnenschirm zum Schluss auf der freien Fläche dekorieren.

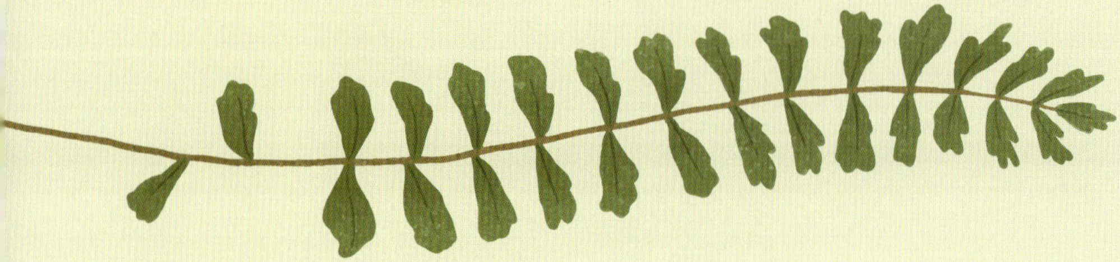

MOTIVHÖHE

ca. 22,5 cm

MATERIALIEN

Müslischale, ø 15 cm, 7 cm hoch • Gartenvlies • Pflanz-Granulat • Substrat • Polyresin-Flamingo, 6 cm groß • Polyresin-Tukan, 4,5 cm groß • Bambusstab, ø 5 mm, ca. 20 cm lang • Metall-Liegestuhl in Weiß, 6 cm x 3,3 cm x 4,5 cm • Metall-Sonnenschirm in Weiß, 8 cm x 5,5 cm x 9 cm • Deko-Steingranulat, hell • Sprühlack in Hellgelb und Türkis • Luftpflanze (Tillandsia ionantha) • Christusdorn (Euphorbia milii) • Bergpalme (Chamaedorea elegans) • Heißklebepistole • Löffel • Schere • Stift • Wasser-Sprühflasche

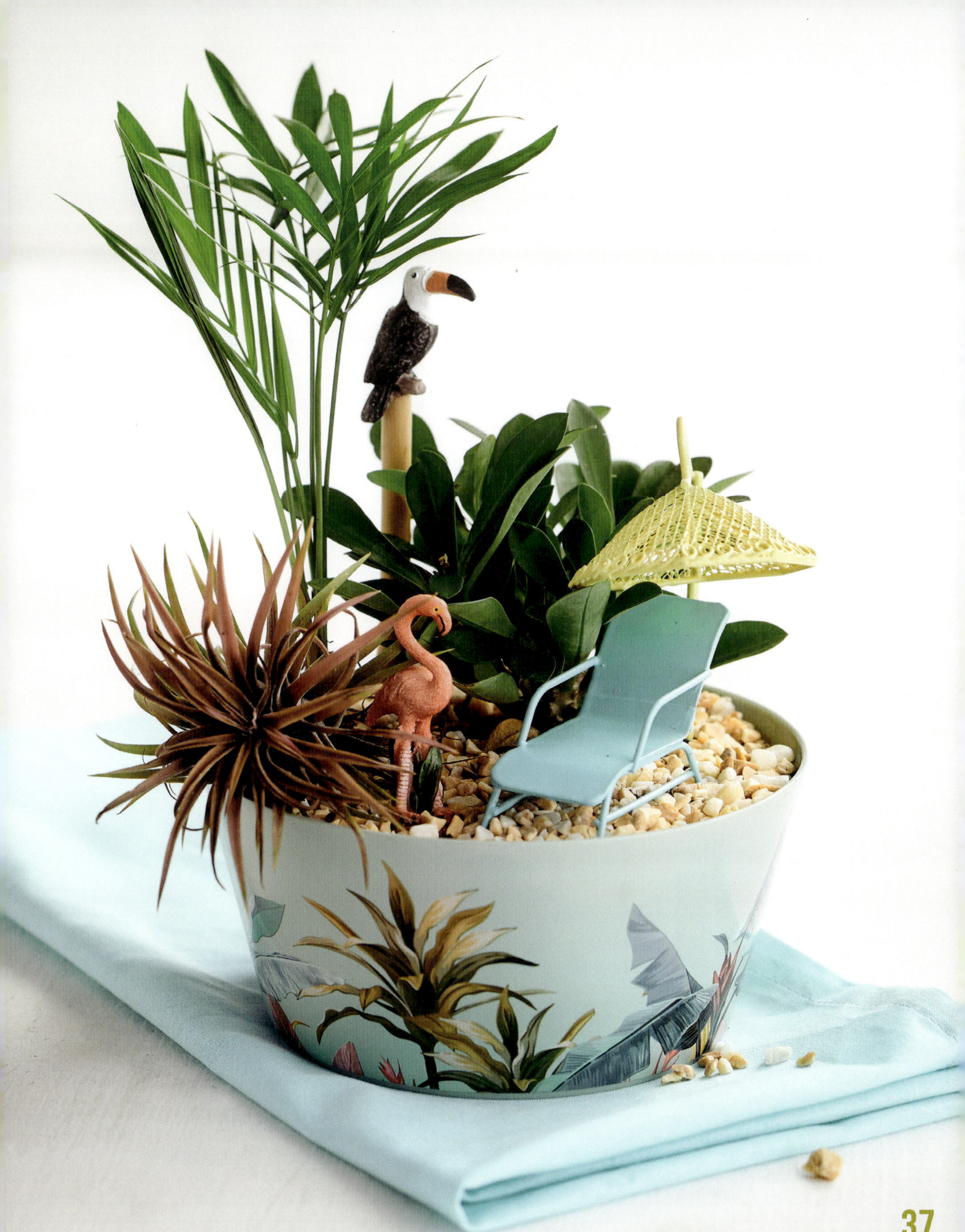

WÜSTENLANDSCHAFT

1 Bedecken Sie, wie in der Grundanleitung beschrieben, den Boden mit dem Pflanz-Granulat und schneiden Sie das Gartenvlies auf einen Durchmesser von ca. 17 cm zu. Das runde Vlies auf das Granulat legen und darauf das Kakteen-Substrat verteilen.

2 Die Kakteen und die Lebenden Steine vorsichtig aus den Pflanztöpfen lösen und die Erde entfernen. Für die Kakteen sollte man sich feste Handschuhe anziehen oder ein Tuch um die Kakteen wickeln, damit man sich nicht sticht. Die Pflanzen platziert man nun nach Wunsch auf dem Substrat. Ist die richtige Platzierung gefunden, mithilfe des Löffels eine Vertiefung graben und dort die Pflanzen einpflanzen. Die Erde um die Pflanzen vorsichtig andrücken und sparsam gießen.

3 Nun die Erde in der Schale etwas formen, sodass unebene Bereiche entstehen, ggf. kann auch noch etwas Substrat aufgeschüttet werden. Haben Sie das gewünschte Ergebnis erzielt, streuen Sie das feine sandfarbene Granulat über die Fläche, bis die dunkle Erde bedeckt ist.

4 Die gebleichten Äste lassen sich mithilfe einer Schere in Form schneiden und ggf. kürzen. Die Äste, die Sandsteine und die drei Tongefäße nun nach Lust und Laune in der Wüstenlandschaft dekorieren.

MOTIVHÖHE

ca. 15 cm

MATERIALIEN

Salatschale, ø 21 cm, 5 cm hoch • Kakteen-Substrat • Pflanz-Granulat • Gartenvlies • 3 Sandsteine • feines Deko-Steingranulat in Sandfarben • 2 gebleichte Äste • 3 Miniatur-Tongefäße, 1-3 cm • Lebende Steine (Lithops) • Hasenohr-Kaktus (Opuntia microdasys) • Kaktus (Cactaceae) • Schere • Handschuhe oder Lappen • Löffel • Stift • Wasser-Sprühflasche

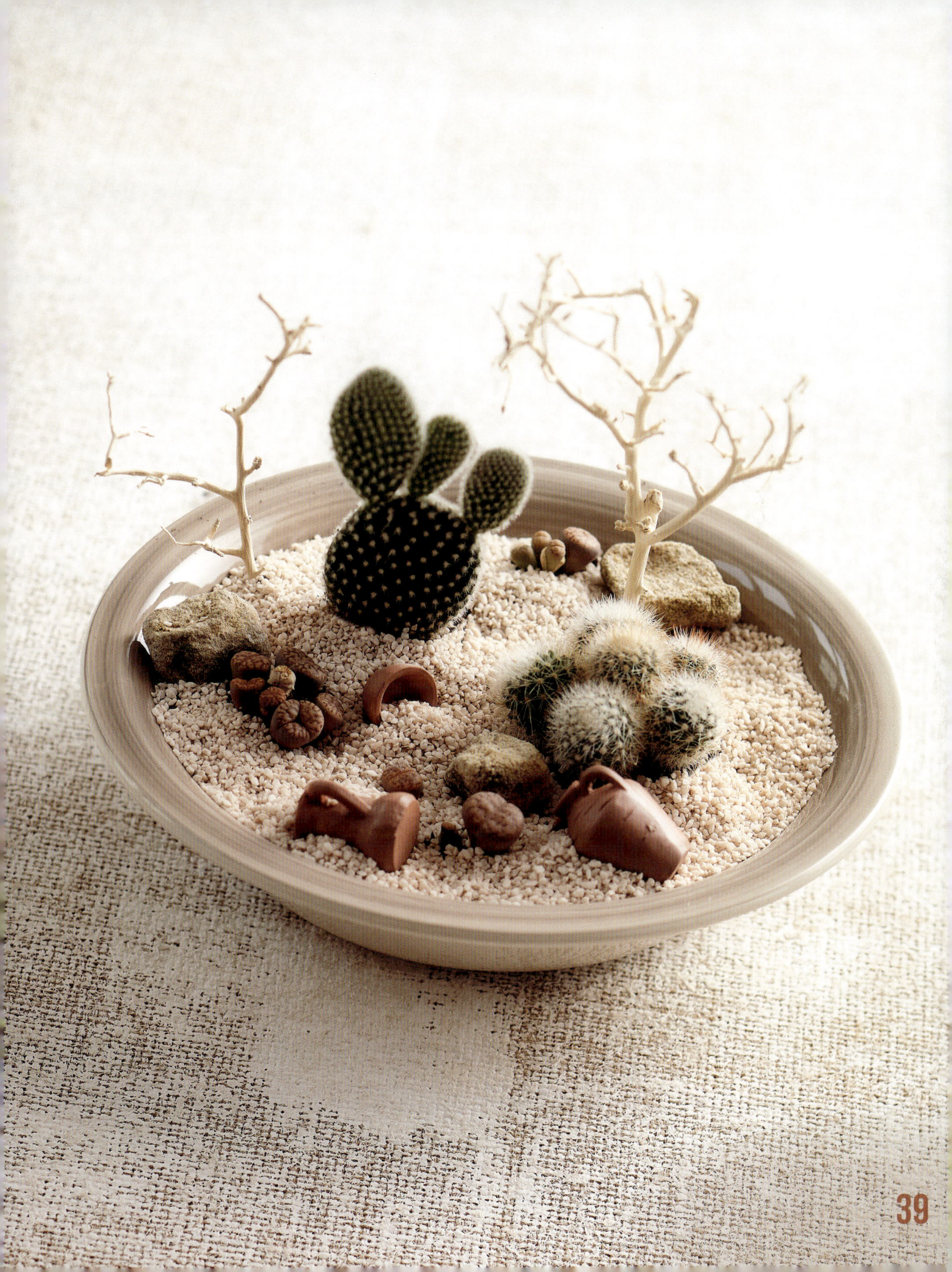

STRANDGARTEN

1 Lackieren Sie zunächst den Gartenzaun von beiden Seiten mit dem weißen Sprühlack (Hinweise dazu siehe Seite 17) und lassen Sie ihn gut trocknen.

2 Bevor die Schale mit den Pflanzmaterialien befüllt wird, den Steckschwamm auf die Hälfte des Durchmessers der Schale zuschneiden. Danach das Pflanz-Granulat in die Müslischale füllen, wie in der Grundanleitung beschrieben, darauf folgt das Gartenvlies und zuletzt der zugeschnittene Steckschwamm.

3 Die freie Hälfte der Schale mit Erde füllen und dort den Zierspargel einpflanzen.

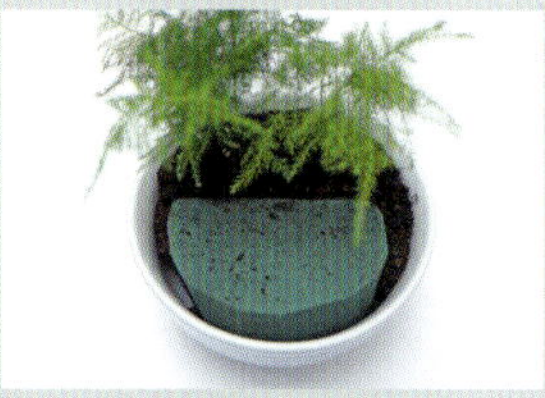

4 Aus dem Karton eine Form nach Wahl ausschneiden, z. B. in Form eines Fisches, die später das Wasser darstellt. Auf diese Fläche nach und nach großzügig Alleskleber geben und darauf das blaue Steingranulat verteilen, bis die Fläche vollständig bedeckt ist. Wenn der Kleber getrocknet ist, die Wasserfläche auf den Steckschwamm kleben.

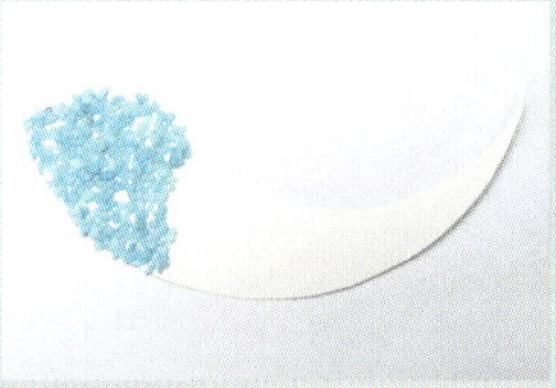

5 Ist die Farbe des Zauns getrocknet, können Sie ihn zwischen Erde und Steckschwamm einstecken. Den Bereich mit der Erde mit dem feinen Deko-Kies abdecken. Auf die freie Fläche des Steckschwammes den Sand streuen.

6 Für ein wenig Strandparty-Feeling können Sie noch eine Kugellichterkette basteln. Dafür benötigt man zehn Acrylperlen, bei denen man ggf. mit einem Handbohrer die Bohrungen etwas vergrößert, um die LED-Lichter leichter in die Bohrungen stecken zu können. Die LEDs mit etwas Heißkleber in die Bohrung kleben. Danach die beiden Papierstrohhalme versetzt zueinander an den hinteren Rand der Schale stecken. Die Lichterkette von einem Strohhalm zum anderen ziehen.

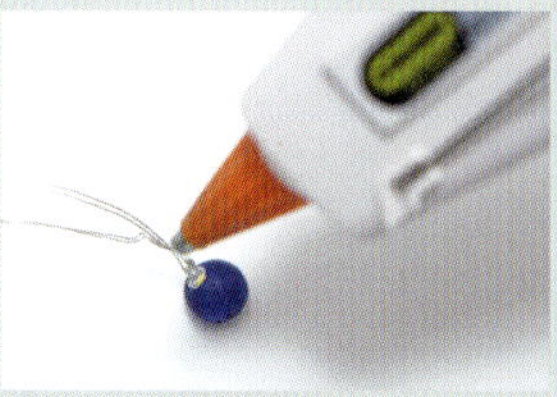

7 Den letzten Feinschliff erhält der Strand mit dem Sonnenschirm, der Liege und den Mini-Sandalen.

MOTIVHÖHE

ca. 15,5 cm

MATERIALIEN

Müslischale, ø 14 cm, 7 cm hoch • Gartenvlies • Pflanz-Granulat • Substrat • Gartenzaun, 12,5 cm x 3 cm • Mini-Sandalen in Orange, 1,8 cm x 1 cm • Liegestuhl in Blau, 5 cm x 3,5 cm • Sonnenschirm in Rot-Weiß, 6 cm hoch • 2 Papierstrohhalme in Blau-Weiß, je 19,5 cm lang • 10 Acrylperlen in verschiedenen Blautönen, ø je 1 cm • Nass-Steckschwamm, 8 cm x 11 cm x 23 cm • 10er-LED-Draht-Lichterkette • Sprühlack in Weiß • Rest Fotokarton in Weiß • Deko-Steingranulat in Hellblau • feiner Deko-Kies • feiner Sand • Zierspargel (Asparagus Plumosa) • Küchenmesser • Heißklebepistole • Alleskleber • Zange • Handbohrer • Schere • Stift • Löffel • Wasser-Sprühflasche

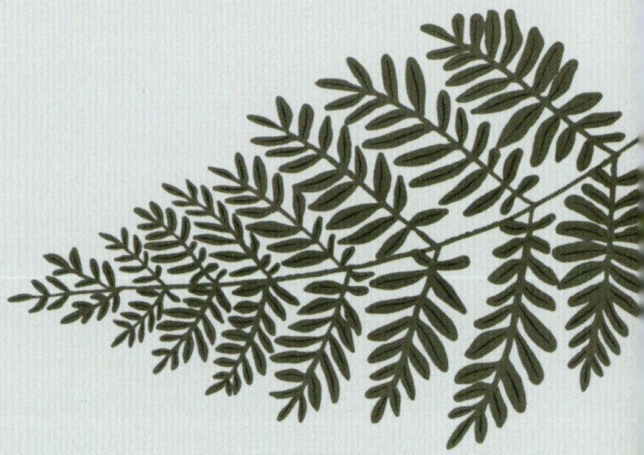

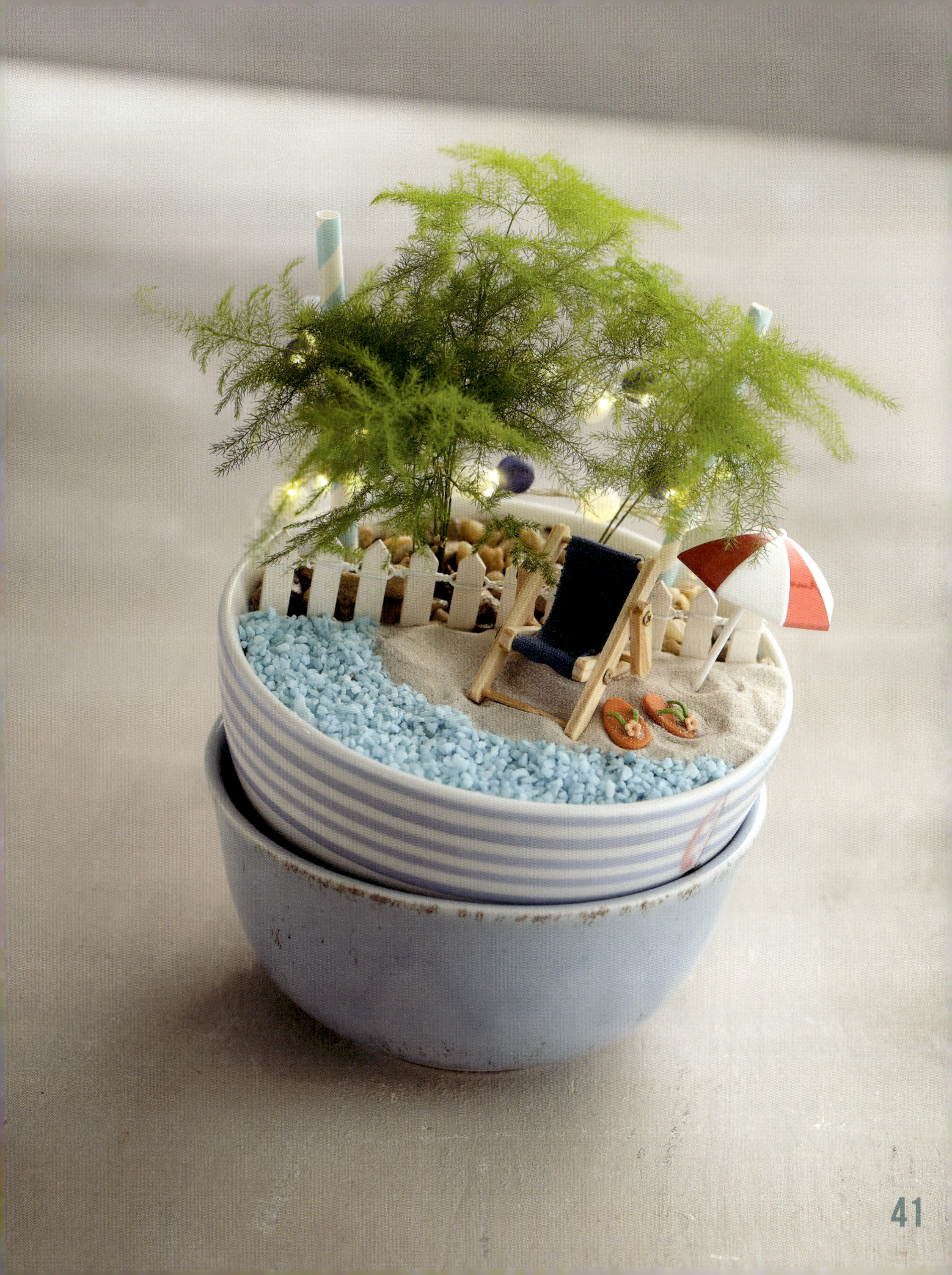

CAMPINGPLATZ

1 Befüllen Sie vorab die ovale Schale mit dem Pflanz-Granulat, dem Gartenvlies und der Erde, dabei die Grundanleitung beachten.

2 Den Bogenhanf vereinzelt im linken und rechten Bereich der Schale pflanzen, wie in einem Tannenwald, links zwischen dem Bogenhanf den Geldbaum pflanzen. Die pulverisierten Holzspäne auf die Erde streuen.

3 Für das Zelt ein Stück Stoff im Format 11 cm x 8 cm zuschneiden. Weiterhin benötigt man drei Steckdrahtstücke, zwei á 13 cm und eines mit 5 cm Länge. Die zwei längeren Drähte zu einem Winkel biegen. Das Stoffstück einmal in der Höhe und einmal in der Breite halbieren. Danach das Stoffstück wieder auffalten und an der späteren hinteren Zeltseite den Saum um ca. 0,5 cm umbügeln. Für den Eingang die obere Hälfte bis zur Mitte einschneiden. Nun die rechten und linken Einschnitte schräg nach innen einklappen. Danach die beiden Drahtwinkel in den Saum einkleben. Zur Stabilisierung des Daches dort noch den 5 cm langen Draht als Strebe einkleben.

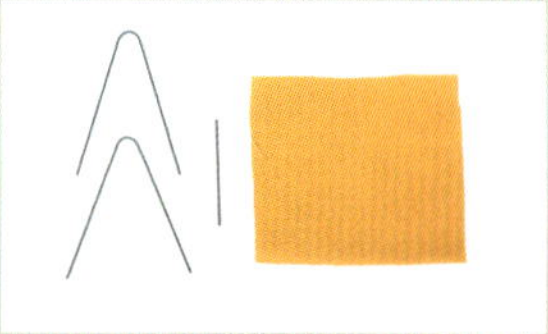

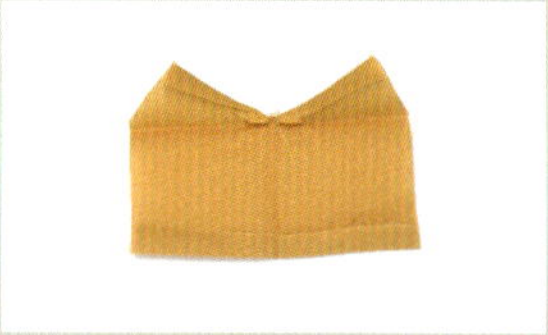

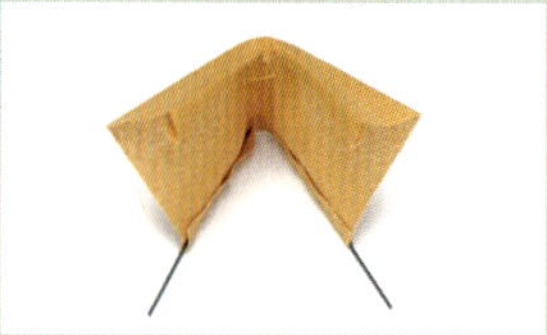

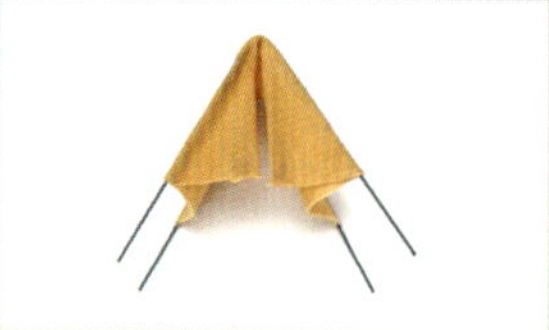

4 Für den Wegweiser aus dem breiteren Holzstäbchen jeweils drei Stücke á 3,5 cm herausschneiden und dann jeweils ein Ende spitz zuschneiden. Nun die drei Pfeile jeweils mit einem Farbton der Acrylfarbe anmalen, den schmalen Holzstab braun anmalen. Nach dem Trocknen die Pfeile z. B. mit Lieblingsorten beschriften. Danach die Pfeile in unterschiedlichen Richtungen an den Holzstab kleben.

5 Das Lagerfeuer besteht aus sieben kleinen Holzscheiten. Dafür vom Ast zwei Stücke á ca. 2,5 cm abschneiden. Diese z. B. mithilfe eines Stecheisens und eines Hammers vierteln. Mit den Kieselsteinen auf ein Stück Gartenvlies eine runde Umrandung für das Lagerfeuer legen. Die Kieselsteine mithilfe der Heißklebepistole miteinander verkleben. Danach die Holzscheite nach und nach hochkant in die Steinumrandung kleben.

6 Zum Schluss den kleinen Campingplatz mit dem Zelt, dem Wegweiser und dem Lagerfeuer dekorieren.

MOTIVHÖHE

ca. 20,5 cm

MATERIALIEN

ovale Schale, 8 cm hoch, 14,5 cm lang • Gartenvlies • Pflanz-Granulat • Sukkulenten-Substrat • pulverisierte Holzspäne • etwas Stoff, 11 cm x 8 cm • 2 Holzstücke, ø 1 cm, 2,5 cm lang • 2 Holzstäbchen, 1 x 5 mm und 1 x 1 cm breit, je ca. 14 cm lang • einige kleine Kieselsteine • Acrylfarben in Blau, Rot, Orange, Braun • 1 Steckdraht, 0,8 mm stark, 36 cm lang • Geldbaum (Crassula ovata) • Bogenhanf (Sansevieria cylindrica) • Heißklebepistole • Zange • Schere • Pinsel • Säge • Löffel • Stift • Bügeleisen • Hammer • Stecheisen • Wasser-Sprühflasche

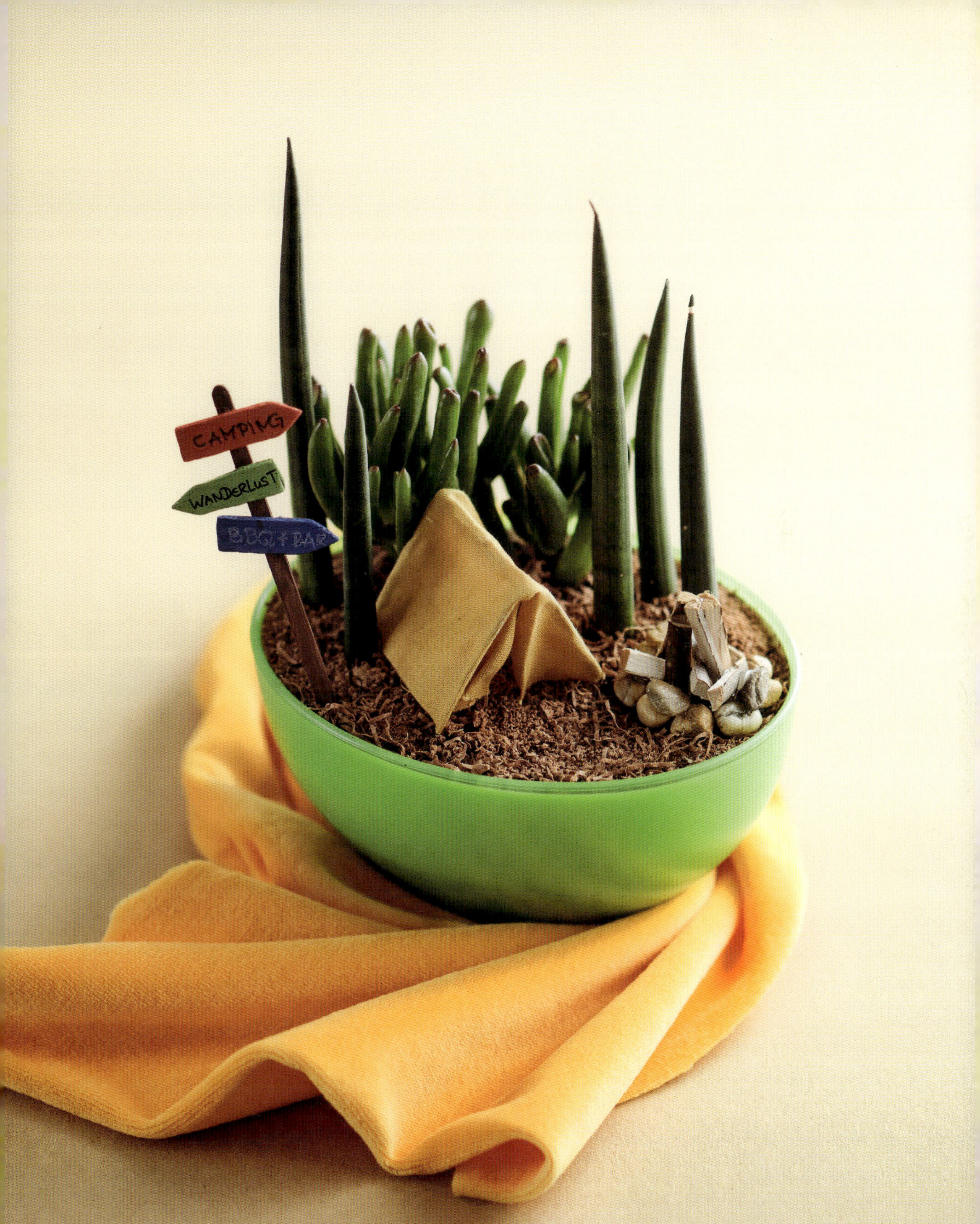
CAMPING
WANDERLUST
BBQ + BAR

GOLFPLATZ

1 Befüllen Sie die Müslischale, wie in der Grundanleitung beschrieben, mit dem Pflanz-Granulat, dem Gartenvlies und der Erde.

2 In den hinteren Bereich die Strahlenaralie einpflanzen, die einen Baum darstellen soll. Nun mithilfe der Erde um die Pflanze einen Hügel und nach vorne zum Schalenrand eine Senke formen, die später zu einem Teich und einer Sandgrube dekoriert wird. Danach die Fläche mit Moos auslegen, dabei jedoch den Teich und die Sandgrube aussparen.

3 Für den Teich einige kleine Kieselsteine auswählen und auf der Erde zu einer Teichumrandung zusammenlegen. Nach und nach die Steinchen mithilfe der Heißklebepistole miteinander verbinden. Anschließend den „Teich" mit dem blauen Deko-Steingranulat auffüllen.

4 Für die Sandgrube die Erde ein wenig eindrücken, sodass eine leichte Vertiefung entsteht, und diese mit Sand füllen.

5 Nun die Golf-Modellbaufiguren ergänzen. Es empfiehlt sich, diese mit etwas Alleskleber auf dem Moos festzukleben. Um sie besser greifen zu können, sollte man sie mit einer Pinzette aufnehmen.

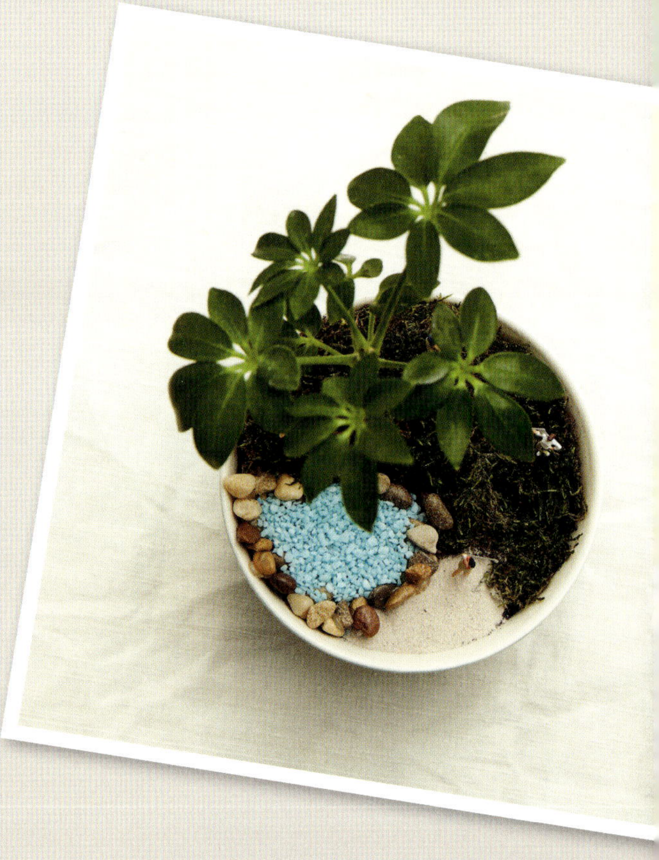

MOTIVHÖHE

ca. 15,5 cm

MATERIALIEN

Müslischale, ø 13 cm, 7 cm hoch • Gartenvlies • Pflanz-Granulat • Substrat • Plattenmoos • 4 Golf-Modellbaufiguren, Maßstab 1:87 • kleine Kieselsteine • Steingranulat in Blau • Sand • Strahlenaralie (Schefflera) • Heißklebepistole • Alleskleber • Löffel • Stift • Wasser-Sprühflasche • Pinzette

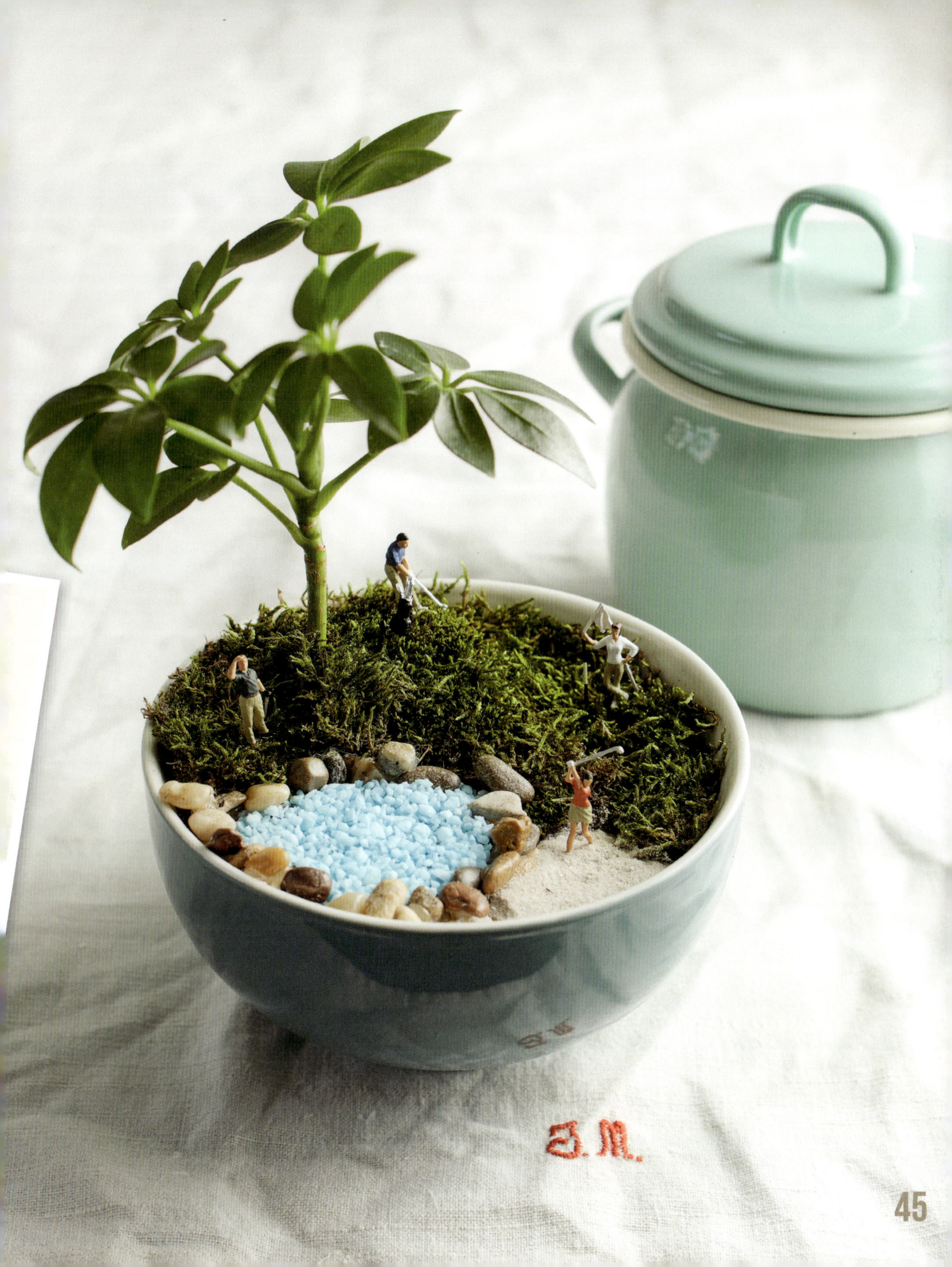

FAHRRAD-PARKPLATZ

1 Befüllen Sie die Tasse, wie in der Grundanleitung beschrieben, mit den Pflanzmaterialien, dabei zum Tassenrand jedoch ca. 2,5 cm Platz lassen.

2 Das Fahrrad mit der hellgelben Lackfarbe umsprühen (Hinweise dazu siehe Seite 17).

3 Für den Abstellplatz den Steckschwamm in der Höhe auf 2,5 cm kürzen. Die 20 Marmor-Steine sollten vor der Verarbeitung einmal abgewaschen und getrocknet werden, damit der Steinstaub entfernt wird und die Steine besser festgeklebt werden können. Mithilfe der Heißklebepistole entlang des Randes acht Mosaiksteine auf den Steckschwamm kleben. Die nächsten Reihen werden etwas versetzt geklebt, sodass immer ein Stein weniger verklebt wird.

4 Nun etwas helles Fugenmehl anmischen und ein kleines Stück Pappe an die Seitenränder der Steine stecken, damit das Fugenmehl nicht auslaufen kann. Dann den Fugenmehl-Brei mithilfe eines Stücks stabiler Pappe in die Fugen der Steine verteilen. Sind die Fugen gut gefüllt, mit einem feuchten Tuch die überschüssige Masse abwischen. Die Fugenmasse nun einen Tag durchtrocknen lassen. Am nächsten Tag mit einem feuchten Tuch noch einmal über die Mosaike wischen, um den restlichen Fugenmehl-Schleier zu entfernen. Zum Schluss die überflüssigen Steckschwamm-Flächen abschneiden.

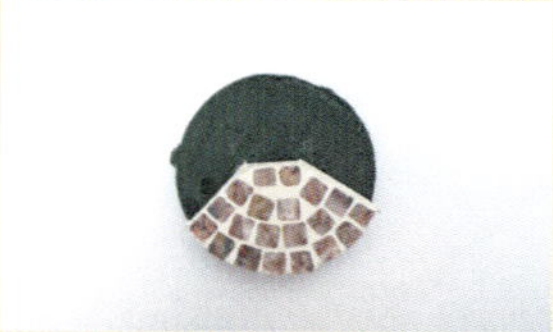

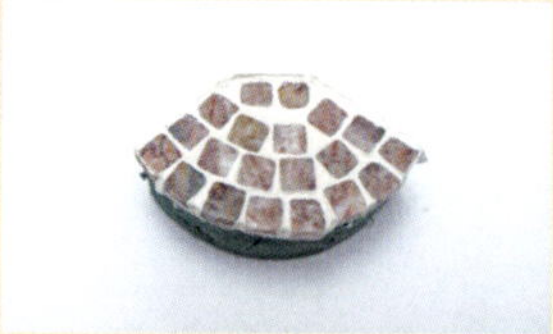

5 Das Mosaik-Viertel auf der Erde platzieren. Dahinter die Crassula pflanzen, die restliche freie Fläche mit dem Sternmoos bepflanzen.

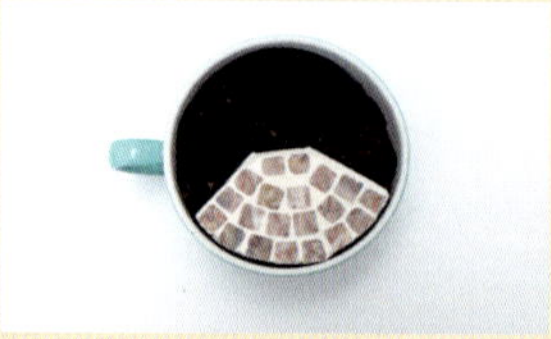

6 Für die drei Gänseblümchen drei Steckdrahtstücke á 4 cm zurechtschneiden und diese mithilfe der Heißklebepistole hinten an die Gänseblümchen kleben. Für einen besseren Halt dabei ein Ende des Steckdrahts zu einer kleinen Schlaufe biegen. Zum Schluss die Blümchen nach Belieben in das Sternmoos stecken.

MOTIVHÖHE

ca. 13,5 cm

MATERIALIEN

Kaffeetasse, ø 9,5 cm, 4,5 cm hoch • Gartenvlies • Pflanz-Granulat • Substrat • Metall-Fahrrad, 5 cm x 3 cm • 20 Marmor-Mosaiksteine, je 1 cm x 1 cm • 3 Polyresin-Gänseblümchen, je 1,5 cm • etwas Fliesen-Fugenmehl, hell • Steckdraht • Nass-Steckschwamm, ø 8 cm, 5 cm hoch • Steckdraht, 0,8 mm stark, 36 cm lang • Sprühlack in Hellgelb • Sternmoos (Sagina subulata) • Dickblatt (Crassula) • Küchenmesser • Heißklebepistole • Zange • Schere • Löffel • Stift • Wasser-Sprühflasche • Gefäß für Fugenmehl • etwas starke Pappe

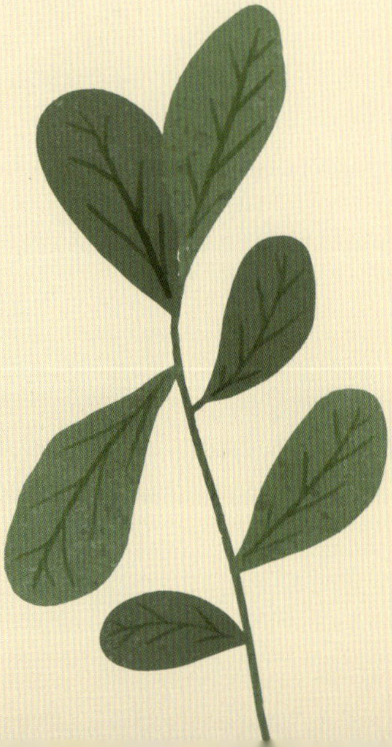

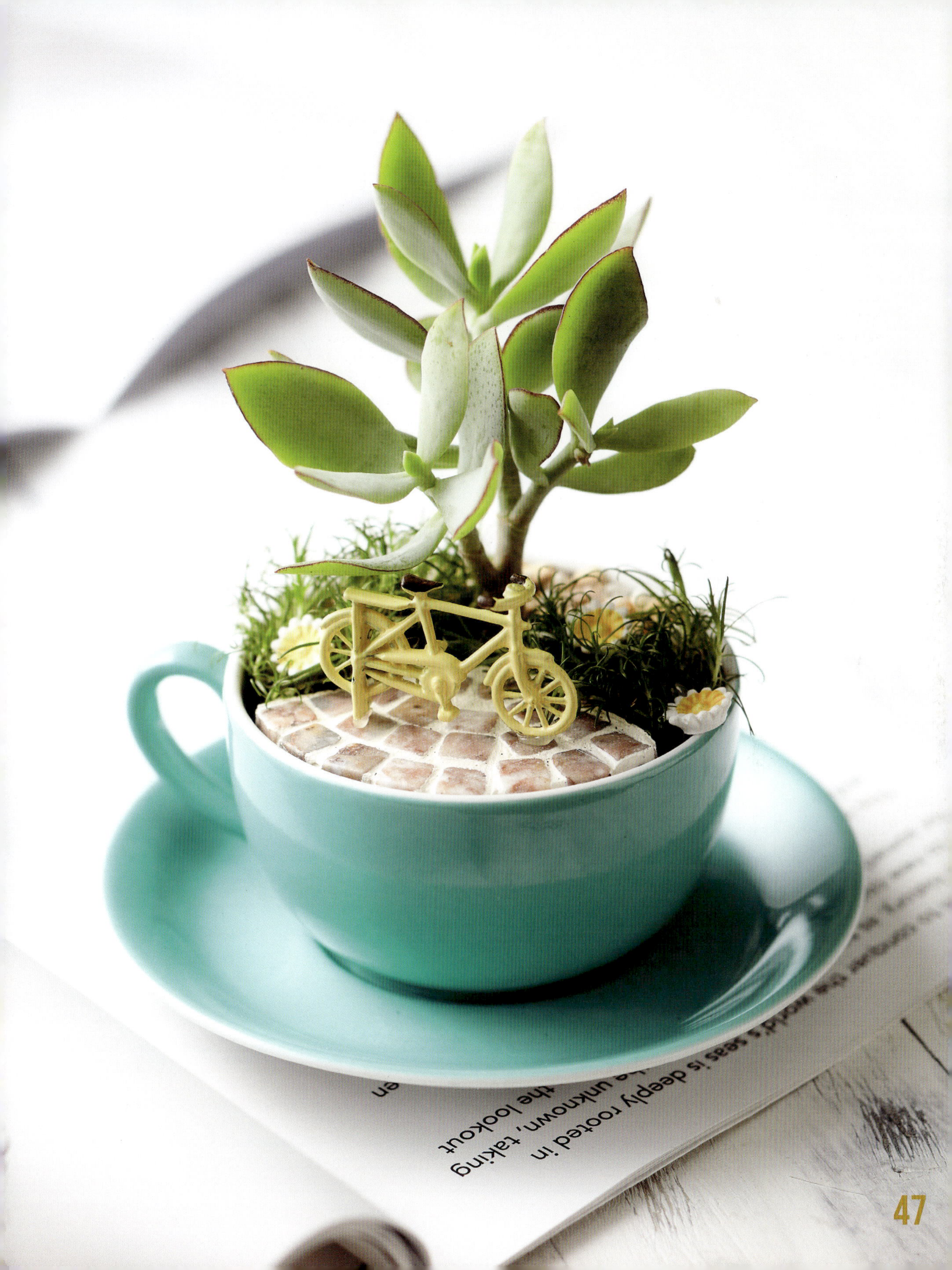
seas is deeply rooted in
the unknown, taking
the lookout

DUFTGARTEN

1 Besprühen Sie den Pavillon, den Zaun und die Amphore mit der mauvefarbenen, die Schubkarre und die Gießkanne mit der türkisfarbenen Sprühfarbe (Hinweise dazu siehe Seite 17).

2 Während der Trocknungszeit der Dekorationen die Zinkschale, wie in der Grundanleitung beschrieben, mit den Pflanzmaterialien befüllen, zunächst aber nur bis ca. 4 cm zum Rand.

3 Nun den Weg zum Pavillon anlegen. Dafür mithilfe eines Küchenmessers zwei Teile aus dem Nass-Steckschwamm herausschneiden. Für den Weg vor dem Zaun benötigt man eine Fläche von ca. 10,5 x 5 cm x 2 cm. Für die Fläche im Pavillon den Metall-Pavillon einmal in den Steckschwamm drücken, mit dem Küchenmesser entlang des Abdruckes schneiden und die Höhe des Steckschwammes auf 2 cm kürzen. Bevor die Fläche weiterverarbeitet wird, den Pavillon noch einmal über den Steckschwamm stellen. Der Schwamm sollte locker im Pavillon sitzen, ist dies nicht der Fall, die Konturen ein wenig nachschneiden.

4 Den Lavendel hinten links und den Rosmarin hinten rechts in die Schale pflanzen. Mittig die beiden Weg-Teile platzieren. Links vorne pflanzt man die Mini-Rose, ggf. muss nach dem Einpflanzen der drei Pflanzen noch etwas Erde nachgefüllt werden. Danach die zwei Weg-Teile mit dem Schieferbruch bekleben. Lücken lassen sich mit kleinen Schieferstücken füllen. Den Pavillon auf die Plattform stellen, rechts und links vom Pavillon die beiden Zaun-Teile einstecken.

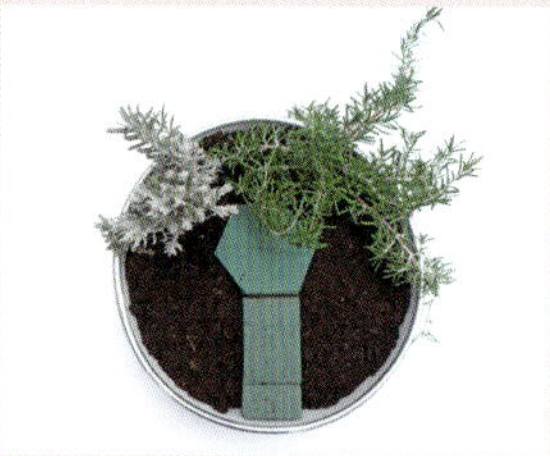

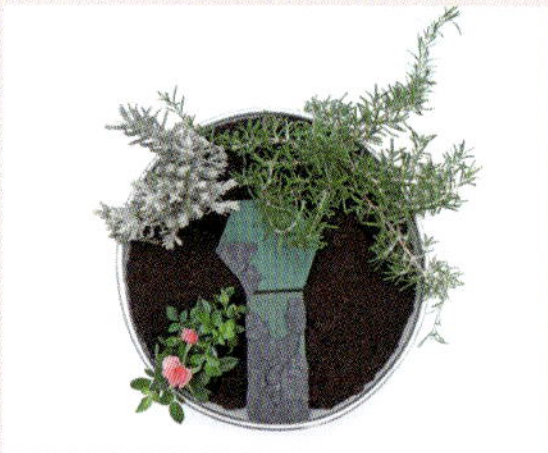

5 Die beiden Flächen links und rechts des Weges mit dem feinen Deko-Steingranulat abdecken. Hinter den linken Zaun einen Stein legen, an diesen die Amphore anlegen. Für die Schubkarre drei bis vier Stücke von der Zimtstange absägen, in die Schubkarre legen und sie vorne auf das Steingranulat stellen. Die Gießkanne rechts hinter den Zaun und die kleine Gartenbank in den Pavillon stellen. An das Dach des Pavillons noch einen kleinen Vogel kleben.

MOTIVHÖHE

ca. 28 cm

MATERIALIEN

Zinkschale, ø 27,5 cm, 10,5 cm hoch • Gartenvlies • Pflanz-Granulat • Substrat • 2 Metall-Zaunstücke, je 8 cm lang • Metall-Pavillon, ca. 14 cm hoch • Metall-Schubkarre, 12,5 cm lang • Amphore, 3 cm hoch • Mini-Gartenbank, 2 cm x 5 cm • Metall-Gießkanne, ø 2,8 cm, 3,5 cm hoch • Mini-Vögelchen, 1,3 cm • Schieferbruchsteine • feines Deko-Steingranulat, hell • Stein • Zimtstange • Nass-Steckschwamm, 8 cm x 11 cm x 23 cm • Sprühlack in Mauve und Türkis • Lavendel (Lavandula angustifolia) • Rosmarin (Salvia rosmarinus) • Rose (Rosa) • Küchenmesser • Heißklebepistole • Schere • Säge • Löffel • Stift • Wasser-Sprühflasche

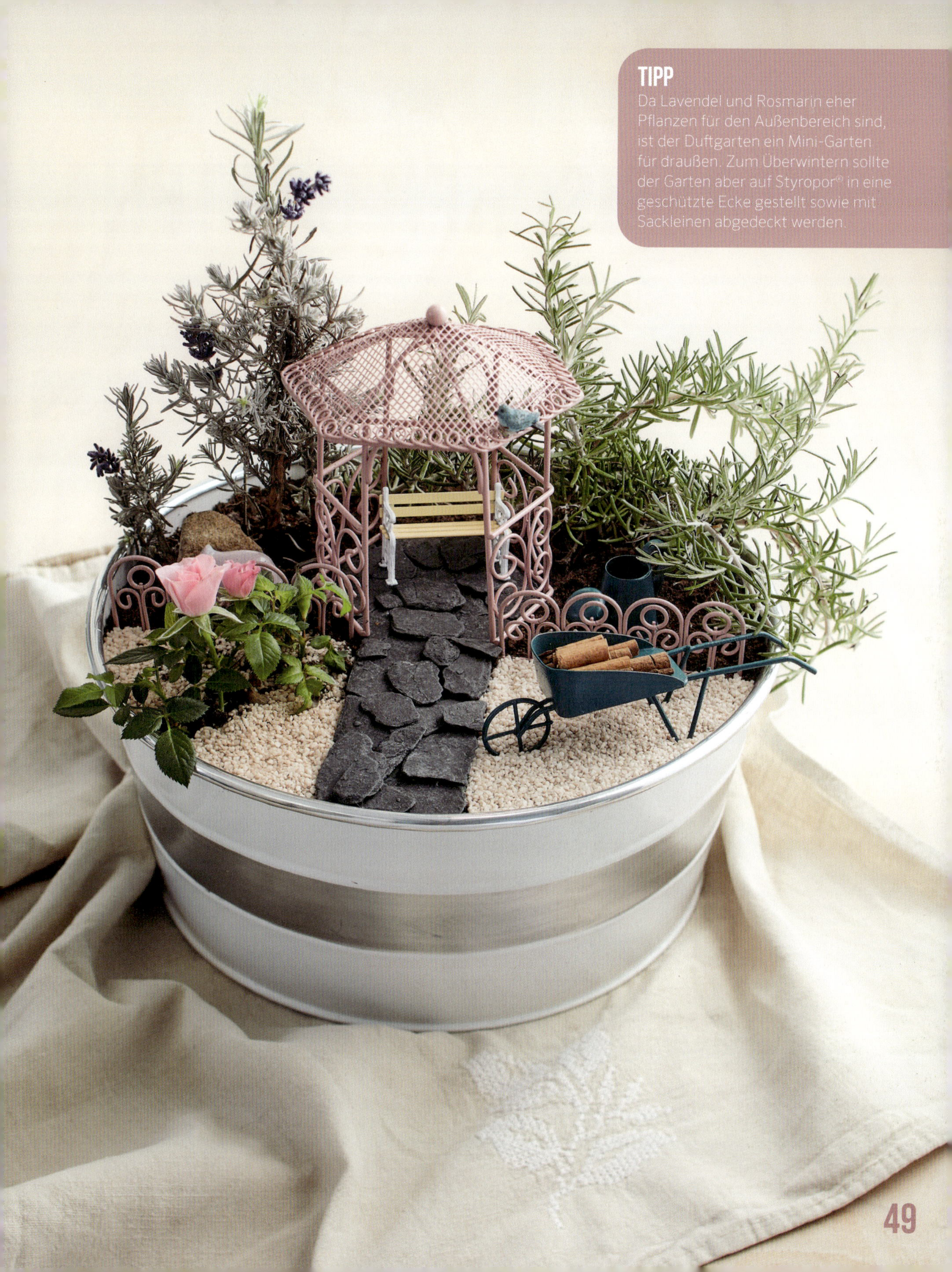

TIPP
Da Lavendel und Rosmarin eher Pflanzen für den Außenbereich sind, ist der Duftgarten ein Mini-Garten für draußen. Zum Überwintern sollte der Garten aber auf Styropor® in eine geschützte Ecke gestellt sowie mit Sackleinen abgedeckt werden.

KLASSISCHER GARTEN

1 Lackieren Sie zuerst die Bank mit der gelben Sprühfarbe, damit die Farbe ausreichend Zeit zum Trocknen hat, Hinweise dazu siehe Seite 17.

2 Befüllen Sie nun, wie in der Grundanleitung beschrieben, die Salatschale mit den Pflanzmaterialien. Die Pflanzen wie folgt platzieren: den Mauerpfeffer hinten rechts einpflanzen, das Sedum vorne rechts, das Efeu hinten links und die Strauchveronika vorne links.

3 Die kleine Metall-Wanne mit etwas Erde befüllen und dort hinein zwei Mini-Hauswurze pflanzen.

4 Für den Weg ein Stück Gartenvlies, ca. 20 cm x 11 cm, abschneiden. Auf dieses nebeneinander drei Terrakotta-Bodenplatten kleben, darauf folgt eine neue, versetzt angelegte Reihe mit drei Bodenplatten, dies noch zweimal wiederholen. Danach die nächsten drei Reihen in die andere Richtung versetzt aufkleben. Diese Schritte noch zweimal wiederholen, sodass ein Zickzack-Weg aus 39 Bodenplatten entsteht. Überstehendes Gartenvlies abschneiden.

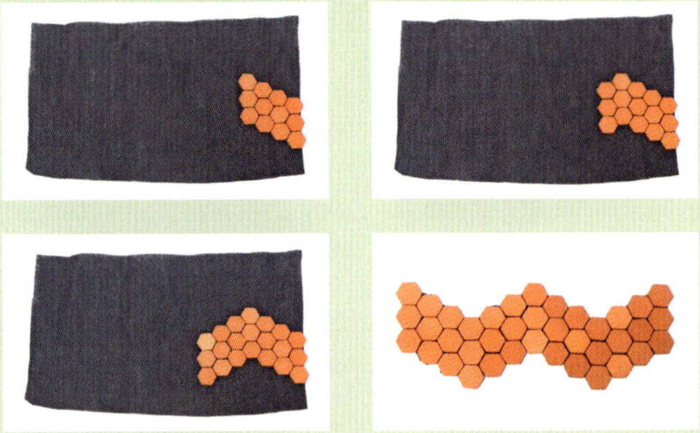

5 Die Bodenfläche für die Metall-Wanne aus 19 Bodenplatten zusammenkleben. Dazu ein Stück Gartenvlies, ca. 8 cm x 8 cm, abschneiden und mittig die erste Bodenplatte aufkleben.
Um diese Bodenplatte die nächsten sechs Platten aufkleben und um diese die restlichen zwölf Platten. Überstehendes Gartenvlies wieder abschneiden.

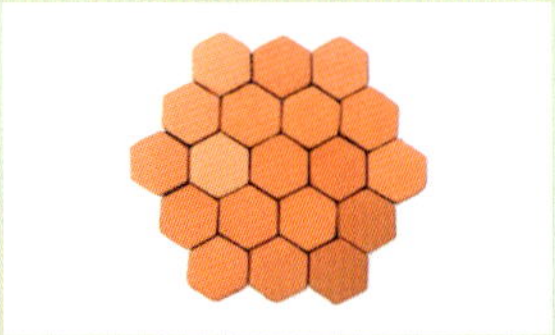

6 Stecken Sie nun den Zaun s-förmig um den Mauerpfeffer, in diesem Beet noch den Spaten ergänzen. Die Fläche rechts vom Zaun mit Steingranulat abdecken, darauf den Weg und die runde Bodenplatte legen. Das Vogelhäuschen im hinteren Bereich platzieren, die Bank zwischen Sedum und Strauchveronika stellen, die rote Gießkanne vor der Strauchveronika und die Wanne mit dem Hauswurz auf die Bodenplatte. Zum Schluss noch den Eimer an den Zaun hängen und die Harke an die Bank lehnen.

MOTIVHÖHE

ca. 17 cm

MATERIALIEN

Salatschale, ø 25 cm, 11 cm hoch • Gartenvlies • Pflanz-Granulat • Substrat • Miniatur-Harke und -Spaten, je 9 cm lang • Holzbank, 8 cm lang • Metall-Wanne in Silber, 5,1 cm x 3,9 cm x 3,2 cm • Metall-Vogelhäuschen in Braun, 10 cm hoch • Metall-Eimer, ø 1,6 cm, 2 cm hoch • Metall-Gießkanne in Rot, 3 cm hoch • Rundholz-Zaun in Braun, 26 cm lang, 5 cm hoch • 58 Terrakotta-Bodenplatten, ø je 1,5 cm • Deko-Steingranulat, hell • Sprühlack in Hellgelb • Efeu (Hedera helix) • Hauswurz (Sempervivum) • Mauerpfeffer (Sedum palmeri) • Weißer Mauerpfeffer (Sedum album) • Strauchveronika (Hebe Hybride) • Heißklebepistole • Zange • Schere • Löffel • Stift • Wasser-Sprühflasche

TIPP

Dieser Mini-Garten ist auch ein Hingucker für kleine Balkone. Überwintern muss er aber im Haus.

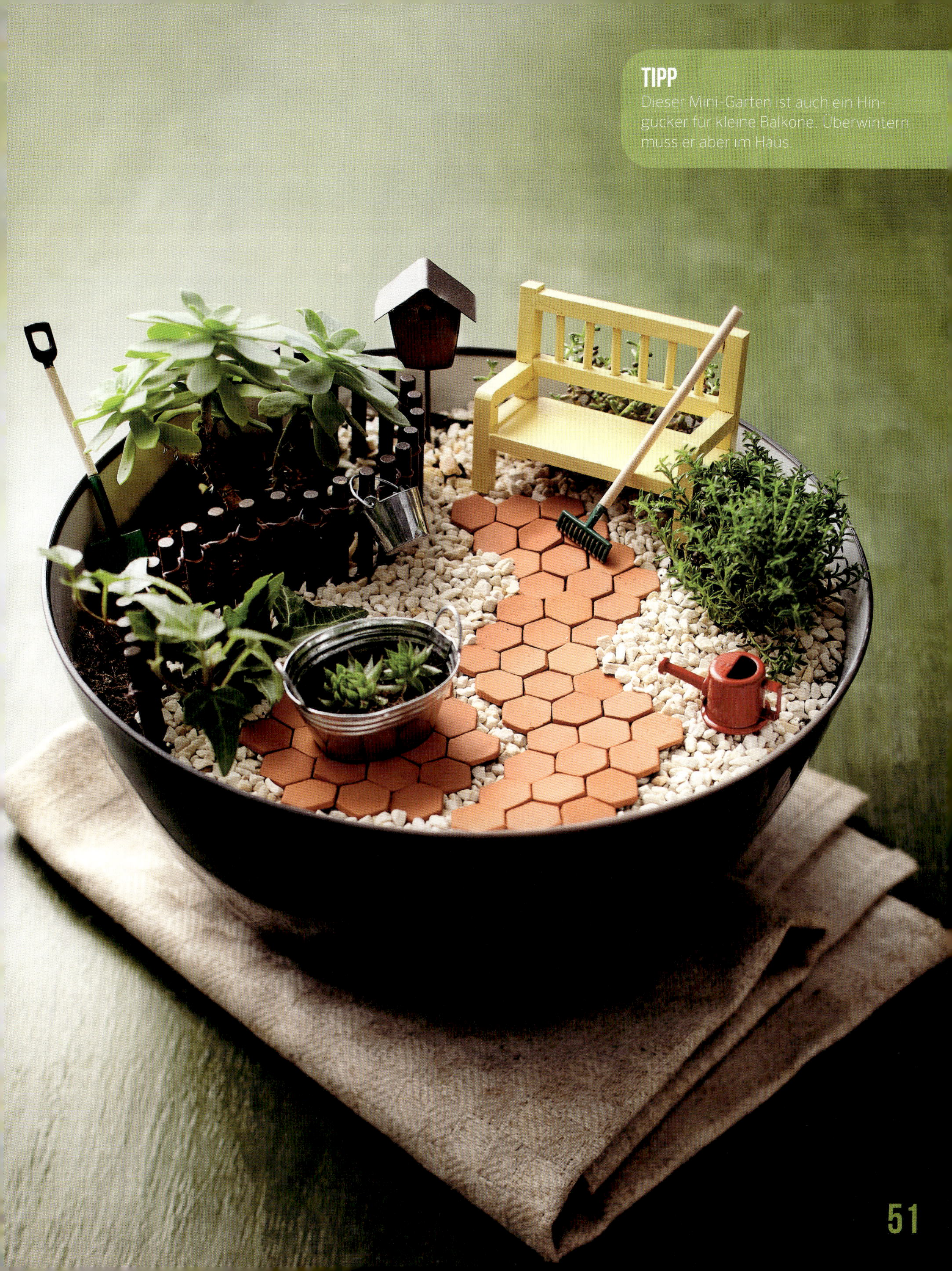

KÜNSTLER-GARTEN

1 Befüllen Sie das Zinkgefäß, wie in der Grundanleitung beschrieben, mit den Pflanzmaterialien und platzieren Sie die Chrysantheme und die Dreimasterblume auf der Erde. Die Chrysantheme sollte so positioniert werden, dass man sie mit dem Buntstift-Zaun einzäunen kann. Sind die richtigen Positionen gefunden, pflanzt man die beiden Pflanzen ein und bewässert sie.

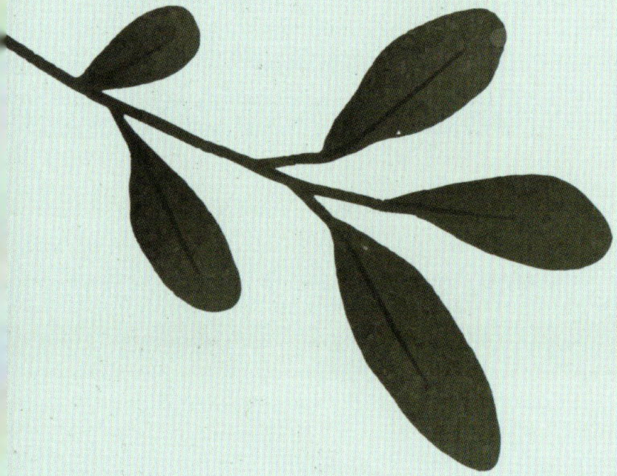

2 Für den Buntstift-Zaun aus den acht Buntstiften jeweils acht Stücke zu 6 cm von dem angespitzten Ende absägen und jeweils weitere acht Stücke aus dem Rest zu 7 cm. Die unangespitzten Buntstiftstücke werden noch angespitzt, bevor man an ihnen den Steckdraht anklebt. Sie können unterschiedlich hoch angespitzt sein. Nun 16 Steckdraht-Stücke á 4 cm abknipsen und ein Ende zu einer kleinen Schlaufe biegen, die man im rechten Winkel umbiegt. Diese Schlaufe mithilfe der Heißklebepistole an das Ende des Buntstiftes kleben.

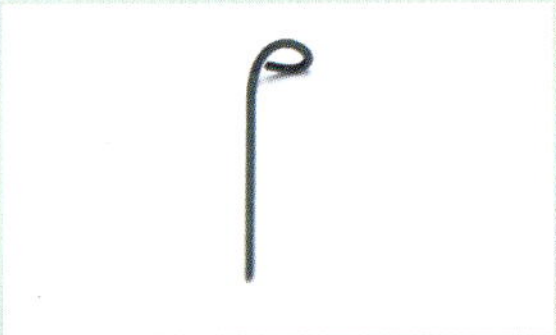

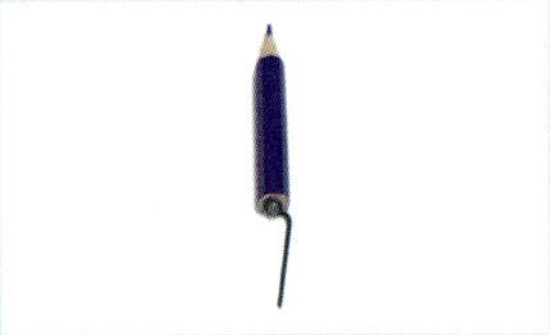

3 Rund um die Chrysantheme 13 Buntstifte stecken. Die drei restlichen Stifte vor die Dreimasterblume stecken, daran später die Farbpalette anlehnen. Den Keilrahmen für die Staffelei mit einem floralen Motiv bemalen. Die Erde mit dem feinen Deko-Steingranulat bedecken. Die Staffelei hinter der Chrysantheme und der Dreimasterblume positionieren. Restliche Buntstiftabschnitte und Späne lassen sich auf der Untertasse dekorieren.

MOTIVHÖHE

ca. 20 cm

MATERIALIEN

Zink-Pflanzgefäß in Tassenform, ø 16 cm, 10,5 cm hoch • Gartenvlies • Pflanz-Granulat • Substrat • Farbpalette, 5 cm • Ministaffelei mit Keilrahmen, 7 cm x 9 cm • 8 Buntstifte • verschiedene Acrylfarben für den Keilrahmen • 2 Steckdrähte, je 0,8 mm stark, 36 cm lang • feines Deko-Steingranulat in Sandfarben • Chrysantheme (Chrysanthemum) • Dreimasterblume (Tradescantia) • Säge • Heißklebepistole • Zange • Pinsel • Löffel • Anspitzer • Stift • Wasser-Sprühflasche

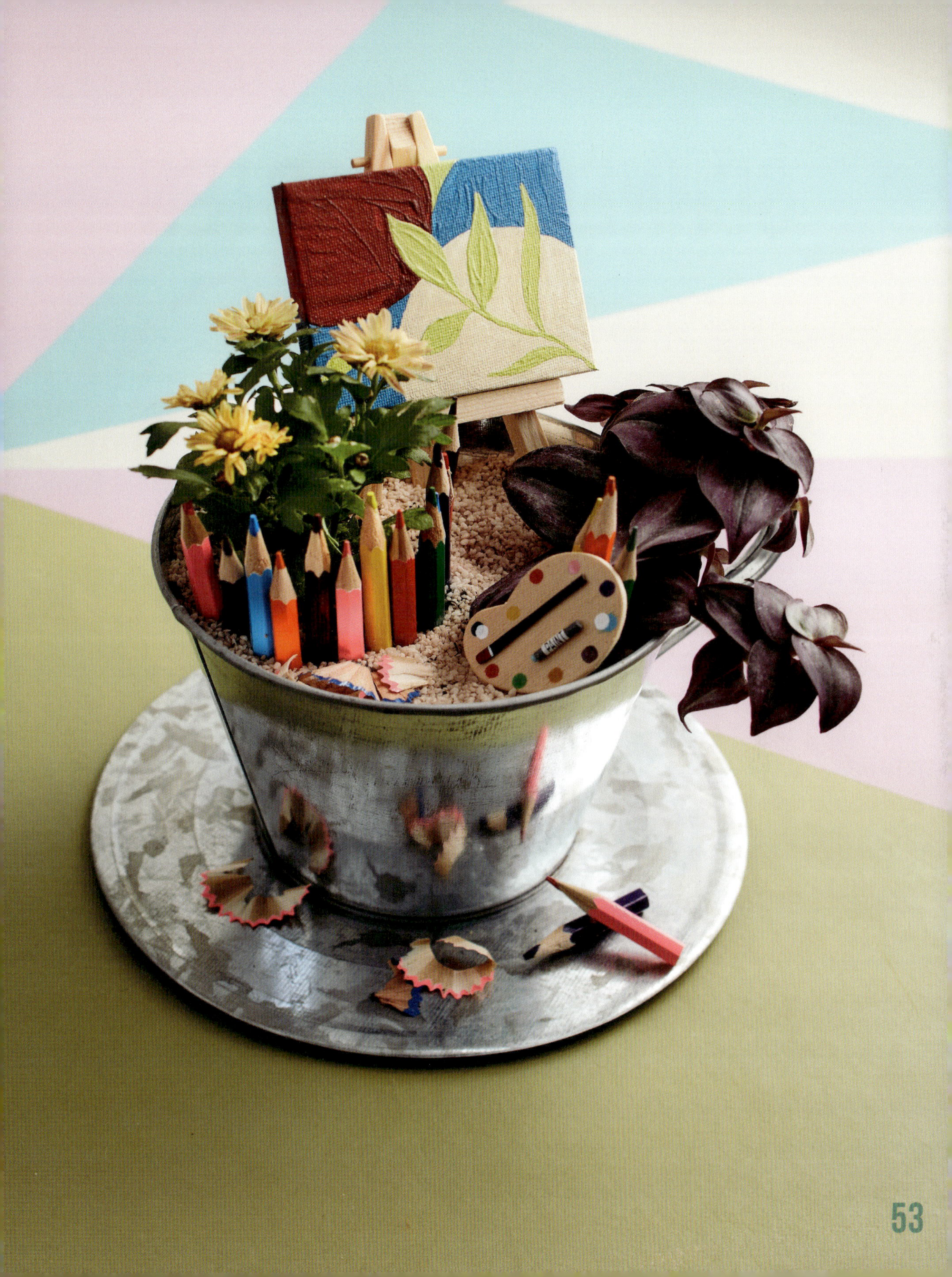

SCHNECKENGARTEN

1 Bedecken Sie den Boden des Einmachglases mit dem Pflanz-Granulat. Aus dem Gartenvlies einen Kreis mit einem Durchmesser von ca. 7,5 cm ausschneiden. Diesen auf das Granulat legen und bis zu einer Höhe von ca. 2,5 cm vorsichtig Erde darauf schütten.

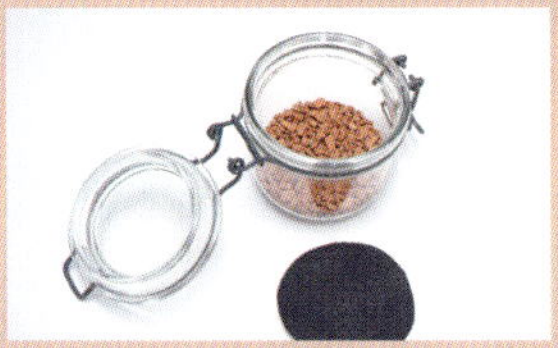

2 Von beiden Pflanzen zwei Ableger seitlich links in das Glas pflanzen. Danach die Erde mit dem Moos bedecken.

3 Mit der Heißklebepistole eine kleine Schnecke auf das Dach des Pilzhäuschens kleben und das Häuschen an die rechte Seite des Glases stellen. Die zweite kleine Schnecke vor dem Haus auf dem Moos platzieren. Die kleine Holzleiter an das Einmachglas lehnen.

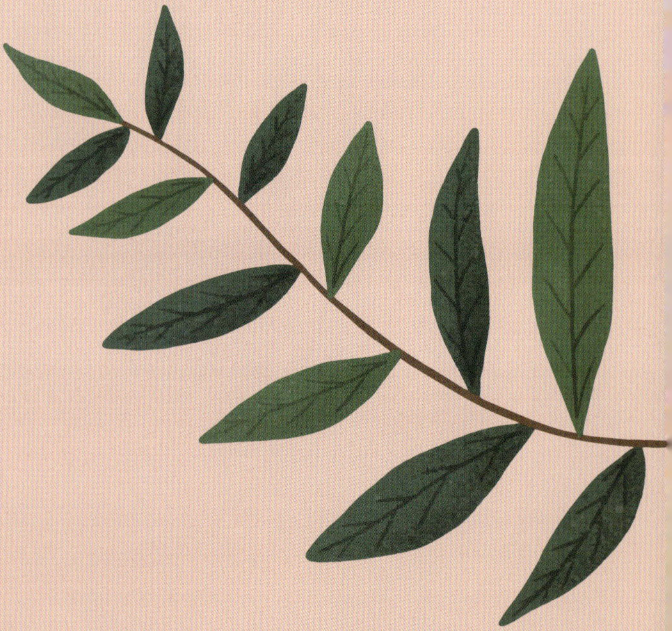

MOTIVHÖHE

ca. 7,5 cm

MATERIALIEN

Einmachglas, ø 8 cm, 7,5 cm hoch • Gartenvlies • Pflanz-Granulat • Substrat • Holzleiter, 6 cm x 2 cm x 0,2 cm • Pilzhaus, 4,5 cm hoch • 2 Polyresin-Schnecken, 2 cm x 2 cm • Moos • Weißer Mauerpfeffer (Sedum album) • Mini-Drachenfrucht (Hylocereus undatus) • Heißklebepistole • Schere • Löffel • Stift • Wasser-Sprühflasche

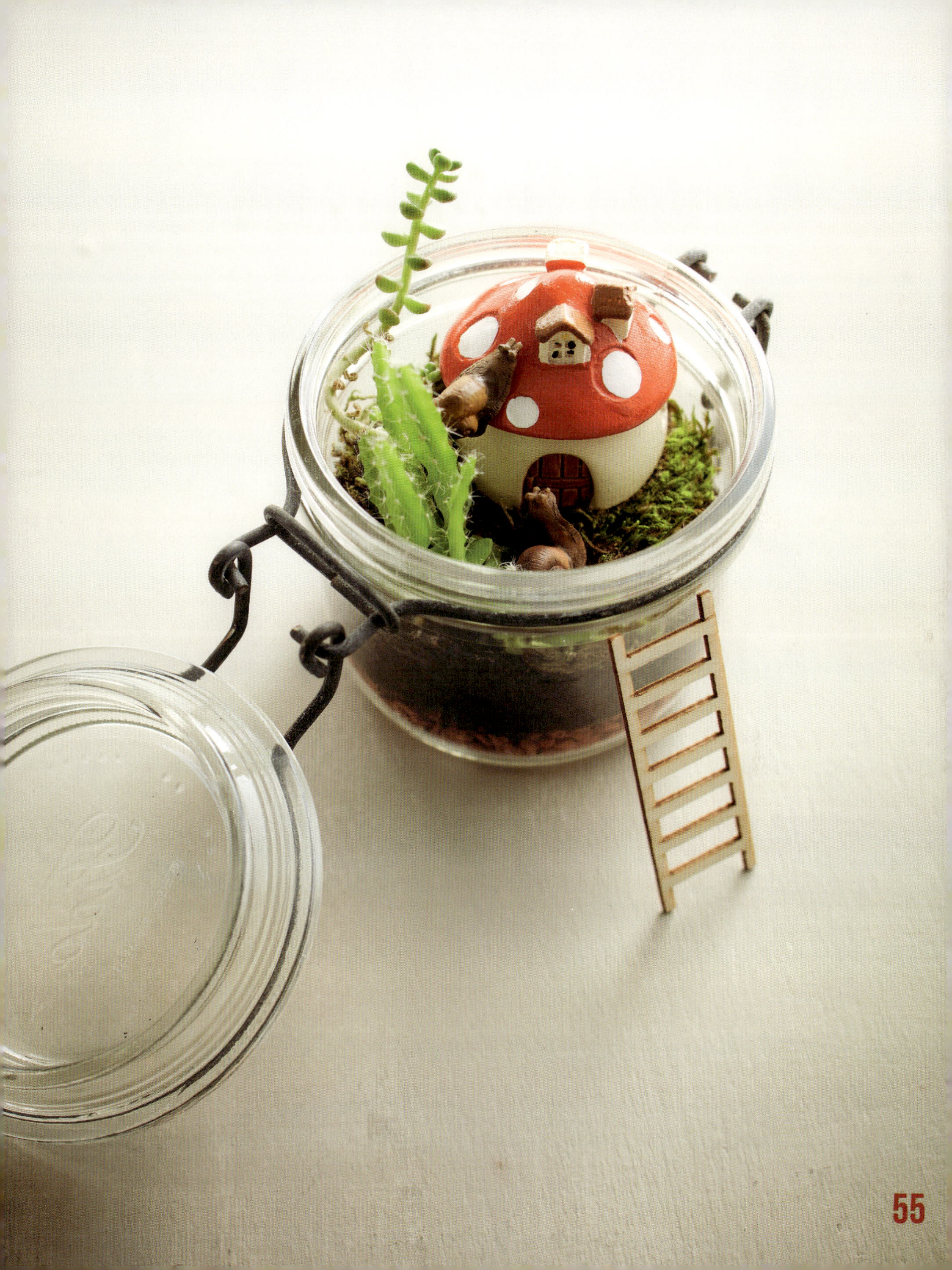

WALD-GARTEN

1 Befüllen Sie die Sauciere, wie in der Grundanleitung beschrieben, mit dem Pflanzmaterial. Schneiden Sie das Gartenvlies jedoch nicht rund, sondern oval zu. Die Pflanzen großzügig und dicht zusammen einpflanzen und den Boden mit dem Plattenmoos bedecken. Das hochgewachsene Sedum kann mithilfe eines Holzspießes und feinem Blumendraht etwas hochgebunden werden, damit der Eindruck eines Tannenwaldes entsteht.

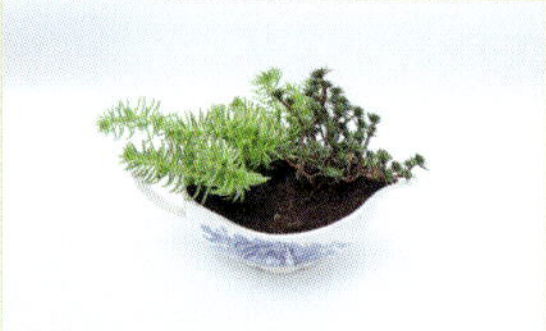

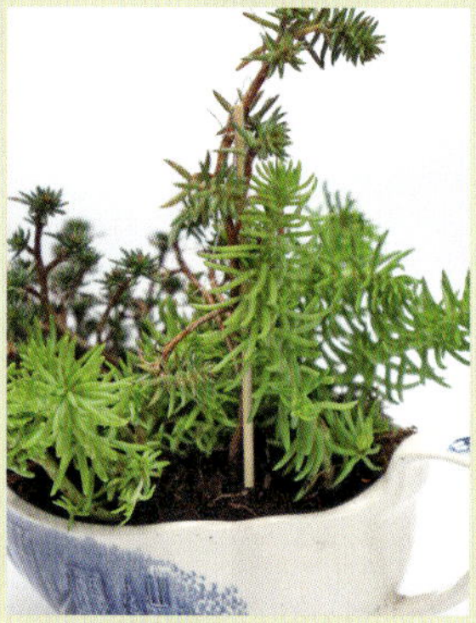

2 Das Holzhaus auf den mitgelieferten Fuß stecken und beide Teile miteinander verkleben. Unter den Fuß zwei Stücke Steckdraht á 4 cm kleben. Weitere Steckdrahtstücke á 4 cm ebenfalls unter das Eichhörnchen sowie unter das Reh und den Hirsch kleben.

3 Sägen Sie aus dem Ast neun Stücke á 3,5 cm heraus. Diese zu einem Holzhaufen stapeln und alles miteinander verkleben.

4 Das Reh und den Hirsch rechts in das Dickicht und das Holzhäuschen links zwischen die Pflanzen stecken. Zum Schluss das Eichhörnchen und den Holzstapel im Vordergrund platzieren.

MOTIVHÖHE

ca. 11,5 cm

MATERIALIEN

Sauciere, 6,5 cm hoch, 20 cm lang • Gartenvlies • Pflanz-Granulat • Substrat • Eichhörnchen, 2,4 cm hoch • Holzhaus zum Stecken, 8 cm hoch, 5,5 cm breit • Plattenmoos • Reh- & Hirsch-Streuteile, 4 cm x 4,5 cm • Holzstück/Ast, ø 1 cm, ca. 32 cm lang • Holzspieß • feiner Blumendraht • Steckdraht, 0,8 mm stark, 36 cm lang • Felsen-Fetthenne (Sedum reflexum) • Mauerpfeffer (Sedum palmeri) • Heißklebepistole • Zange • Schere • Säge • Löffel • Stift • Wasser-Sprühflasche

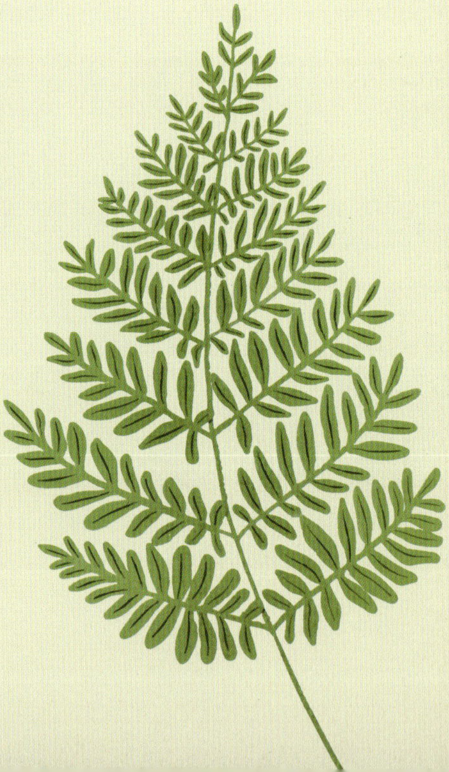

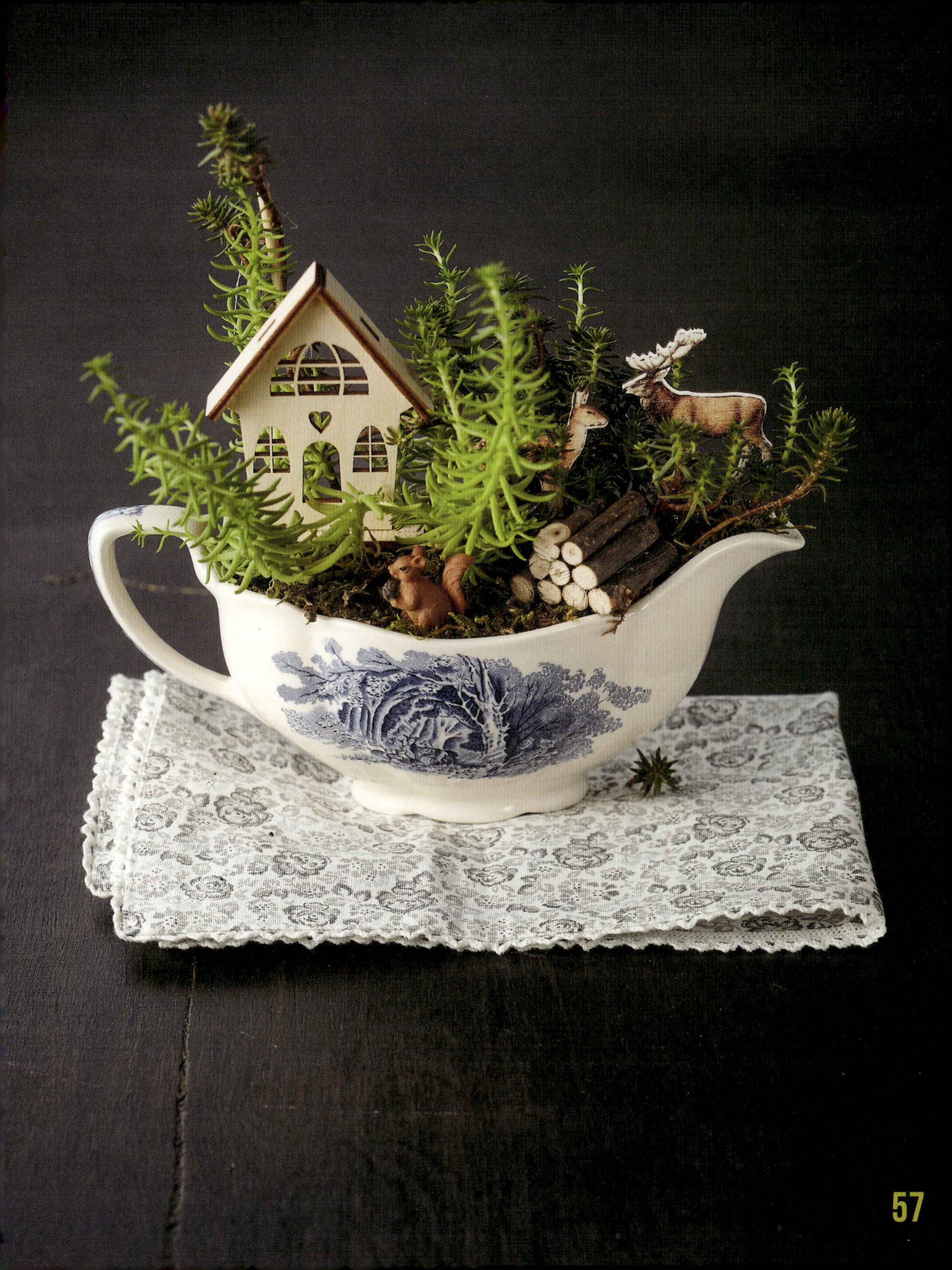

PARKLANDSCHAFT

1 Schneiden Sie zunächst den Steckschwamm in einer Länge von 13,5 cm und einer Breite von 3,5 cm keilförmig zu, ggf. muss er nachgeschnitten werden, wenn er nicht sauber in die Müslischale passt. Danach die Schale zu einem Viertel mit Pflanz-Granulat befüllen, darauf den Steckschwamm legen und die freien Flächen mit Erde auffüllen.

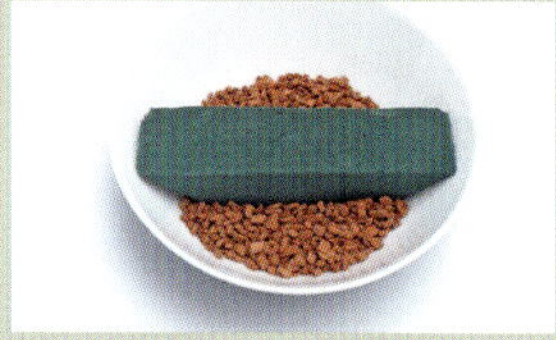

2 In den Vordergrund der Schale das Sternmoos pflanzen. Hinter dem Weg zwei kleine Strahlenaralien einpflanzen, sie stellen die Bäume dar.

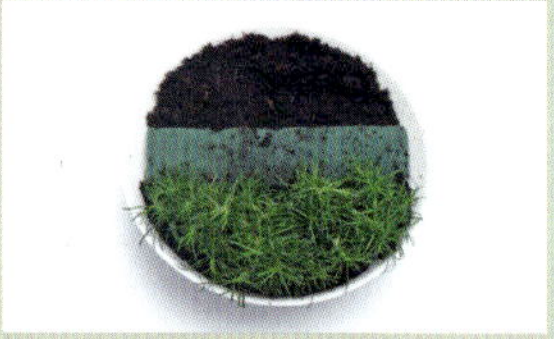

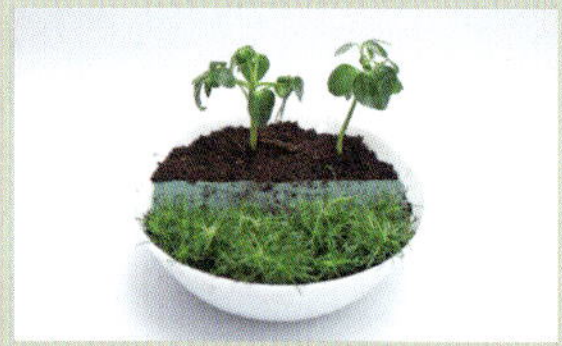

3 Für den Park-Weg ein ca. 4,5 cm x 14,5 cm großes Stück Gartenvlies zuschneiden und 21 helle und 21 dunkle Marmorsteine bereitlegen. Die Marmorsteine vor dem Verarbeiten abwaschen, sonst haftet der Kleber nicht auf dem Steinstaub. Mithilfe der Heißklebepistole eine senkrechte Reihe mit einem hellen, einem dunklen und wieder einem hellen Stein auf das Gartenvlies kleben. Bei der nächsten Reihe beginnt man genau umgekehrt, also ein dunkler, ein heller und wieder ein dunkler Stein, sodass ein Schachbrettmuster entsteht. Diese Schritte wiederholen, bis 14 Reihen festgeklebt wurden.

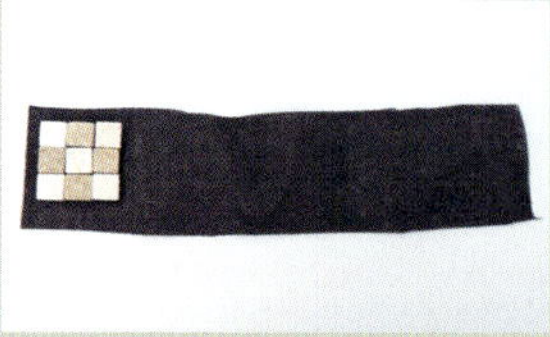

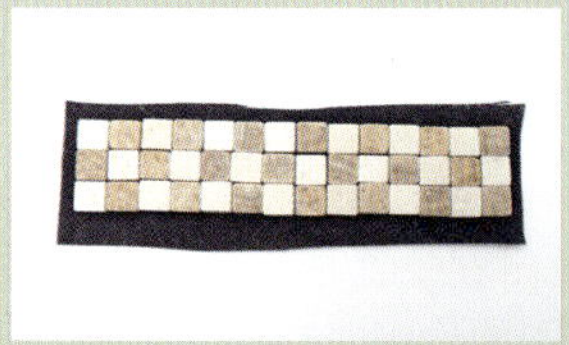

4 Den Steinweg auf den Steckschwamm legen. Dieser sollte bündig mit der Erde abschließen. Ist dies nicht der Fall, einfach etwas Erde nachfüllen oder entfernen. Den Boden bei den Bäumen mit den pulverisierten Holzspänen bedecken.

5 Zum Schluss die Modellbaufiguren platzieren. Mit etwas Alleskleber lassen sich die Figuren auf dem Weg festkleben. Um sie besser greifen zu können, sollte man sie mit einer Pinzette aufnehmen.

MOTIVHÖHE

ca. 11,5 cm

MATERIALIEN

Müslischale, ø 16 cm, 5,5 cm hoch • Gartenvlies • Pflanz-Granulat • Substrat • je 21 Marmor-Mosaiksteine in Beige und in Braun • pulverisierte Holzspäne • Fußgänger-, Radfahrer- und Eisverkäufer-Modellbaufiguren, Bank mit Laterne und Mülleimer, Maßstab 1:87 • Nass-Steckschwamm, 8 cm x 11 cm x 23 cm • Sternmoos (Sagina subulata) • Strahlenaralie (Schefflera) • Alleskleber • Heißklebepistole • Schere • Löffel • Pinzette • Stift • Wasser-Sprühflasche

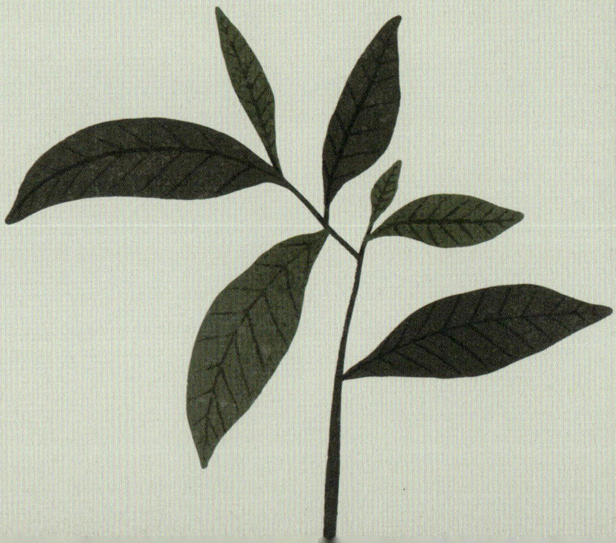

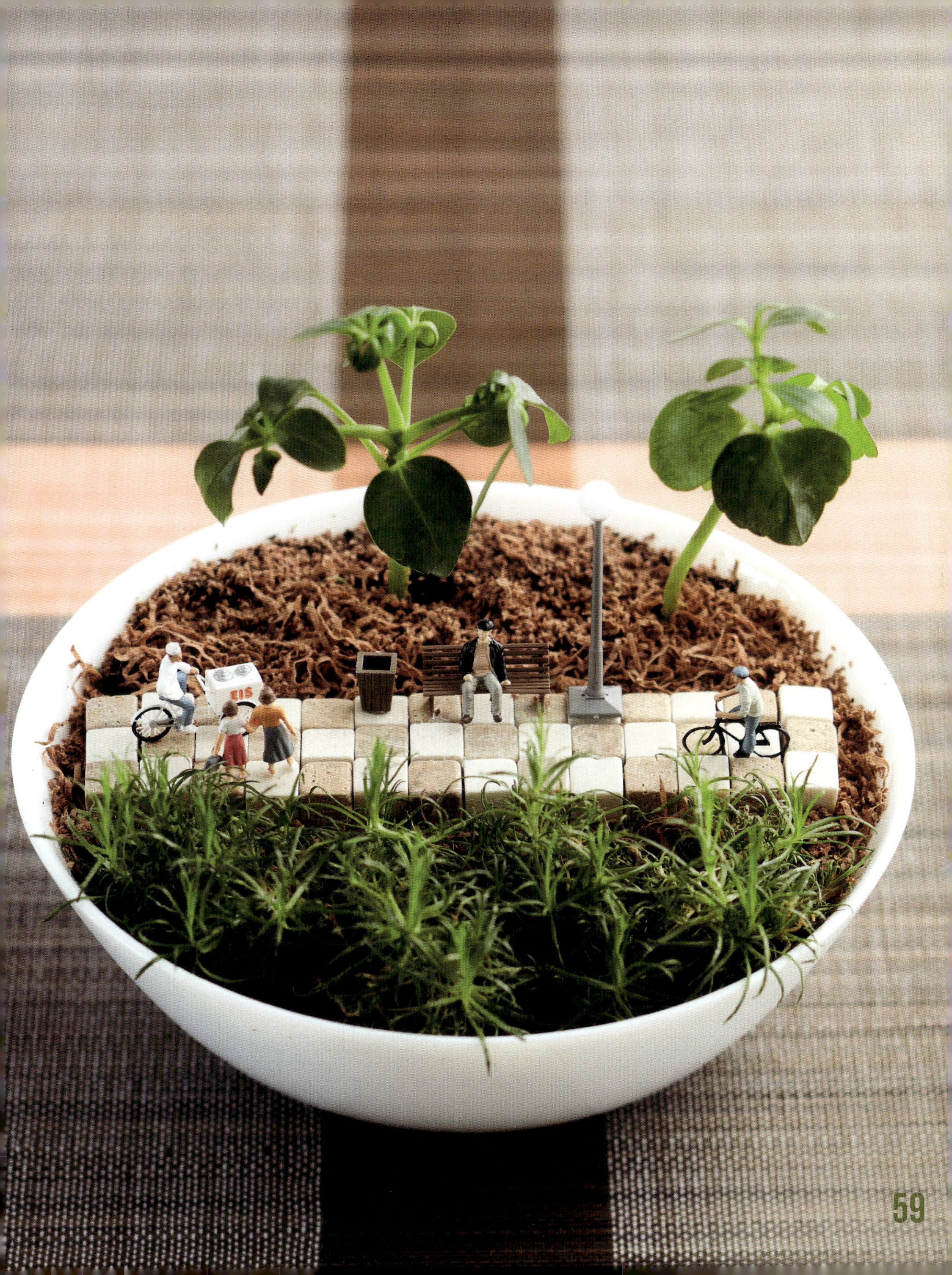
EIS

MOOSGARTEN

1 Der Moosgarten erhält, abweichend von der Grundanleitung, zwei zusätzliche Pflanzschichten. Die Schichten werden wie folgt eingesetzt: ca. 3,5 cm Pflanz-Granulat, Gartenvlies mit ø ca. 10 cm, ca. 4 cm Erde, ca. 3 cm Kies, ca. 2,5 cm Erde.

2 In der oberen Erdschicht den kleinen Wurm so verstecken, dass man ihn von außen noch sehen kann.

3 Den Mini-Glückstaler etwas seitlich in das Glas pflanzen. Danach die Erde mit den verschiedenen Moosarten bedecken, diese noch etwas andrücken.

4 Für Farbe sorgen die gelben Gummistiefel, die auf ein Mooskissen gestellt werden und an deren Stiefelrand ein kleines Vögelchen geklebt wird. Zusätzlich versetzt zueinander zwei Fliegenpilze und einen Spaten in das Moos setzen.

5 Damit das Moos immer schön grün bleibt, muss es feucht gehalten werden und halbschattig stehen. Das Glas kann auch verschlossen werden, um die Feuchtigkeit zu halten, dann sollte der Deckel jedoch zum Lüften zwischendurch abgenommen werden, damit das Moos und die Dekorationen nicht schimmeln.

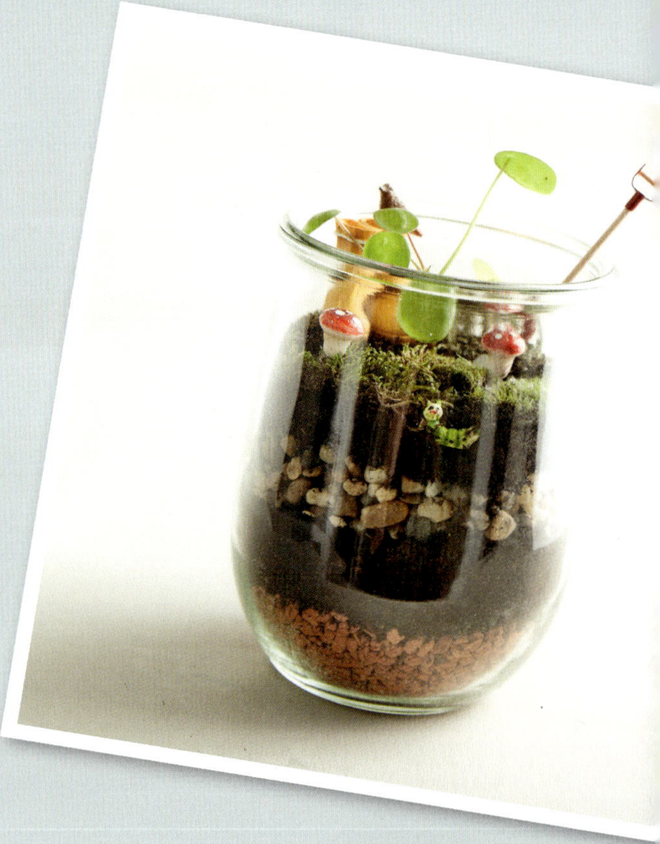

MOTIVHÖHE

ca. 14,5 cm

MATERIALIEN

Einmachglas, ø 10,5 cm, 14,5 cm hoch • Gartenvlies • Pflanz-Granulat • Substrat • Spaten, 11,5 cm lang • Gummistiefel in Gelb, 4 cm x 3 cm x 3,5 cm • 2 Fliegenpilze, je ca. 1 cm hoch • Wurm, 2 cm lang • Mini-Vögelchen, 1,3 cm • Glückstaler (Pilea peperomioides) • verschiedene frische Moosarten • Schere • Alleskleber • Löffel • Stift • Wasser-Sprühflasche

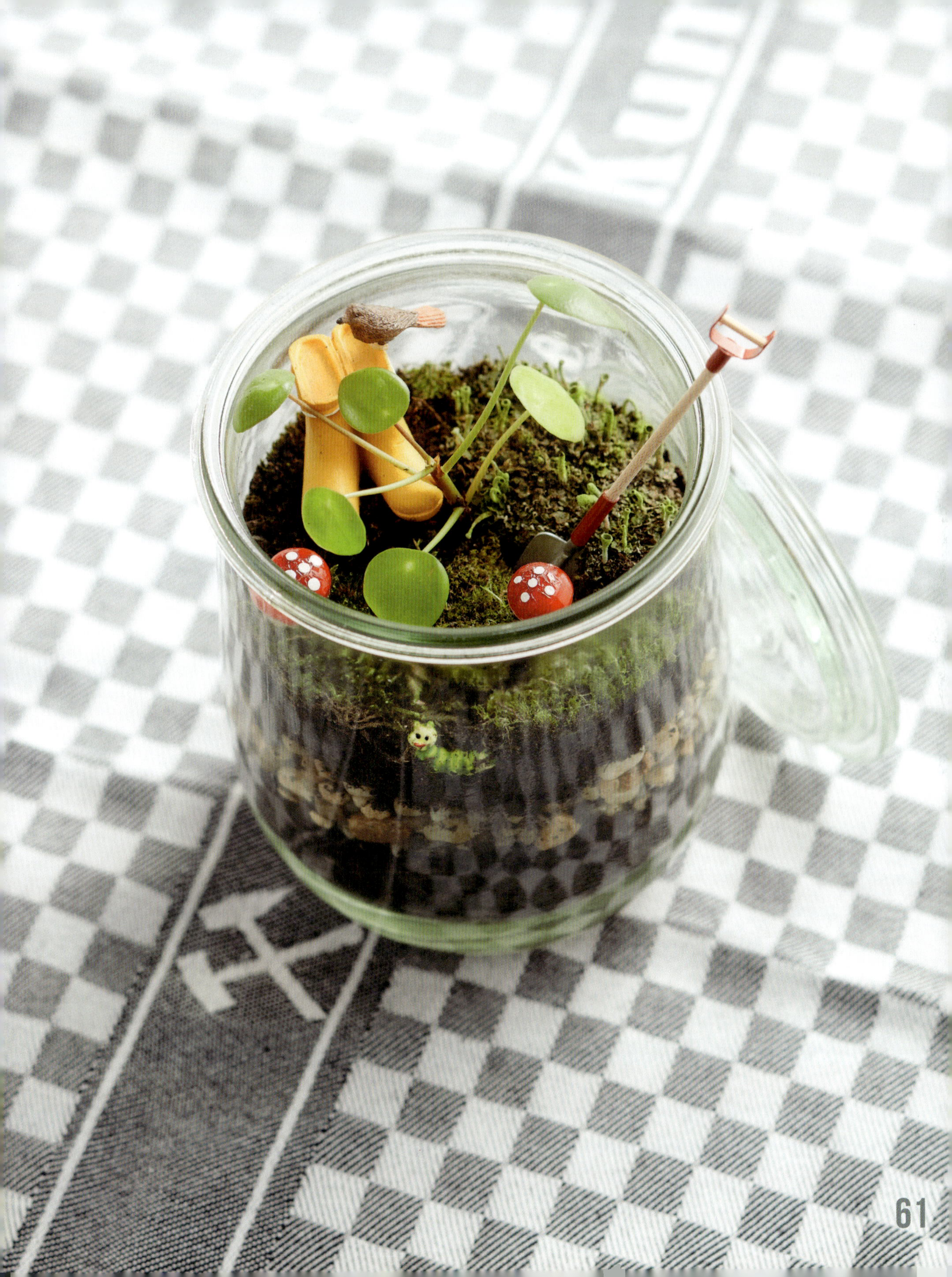

URZEIT-DSCHUNGEL

1 Befüllen Sie vorab die Müslischale, wie in der Grundanleitung beschrieben, mit den Pflanzmaterialien.

2 Im hinteren Bereich der Schale ein kleines Loch graben und dort den Farn einpflanzen. Neben den Farn die Mosaikpflanze pflanzen, den Hauswurz vor den Farn. Danach alle Pflanzen wässern.

3 Mit der braunen Acrylfarbe die zwei Styropor®-Eier lasieren, sodass die Sprenkel der Eier sichtbar bleiben. Wenn die Farbe getrocknet ist, vom Steckdraht zwei Stücke á ca. 4 cm abknipsen und die Drahtstücke in die Eier stecken.

4 Für die beiden Dino-Eier vor der Mosaikpflanze eine Kuhle in die Erde drücken und mit etwas Moos auffüllen. Nun die beiden Eier nebeneinander in die Kuhle stecken.

5 Zum Schluss die Erde mit dem Sand bedecken und die beiden Dinos etwas versteckt zwischen den Pflanzen platzieren.

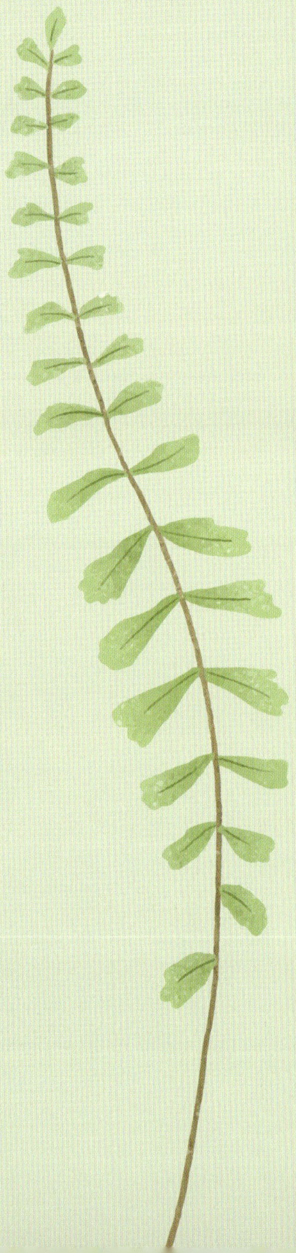

MOTIVHÖHE

ca. 17 cm

MATERIALIEN

Müslischale, ø 16 cm, 8 cm hoch • Gartenvlies • Pflanz-Granulat • Substrat • 2 Dinosaurier-Spielfiguren, je ca. 11 cm lang • 2 Styropor®-Eier, je 3,5 cm groß • Acrylfarbe in Braun • Moos • Sand • Steckdraht, 0,8 mm stark, 36 cm lang • Hauswurz (Sempervivum) • Farn • Mosaikpflanze (Fittonia albivenis) • Heißklebepistole • Zange • Pinsel • Löffel • Stift • Wasser-Sprühflasche

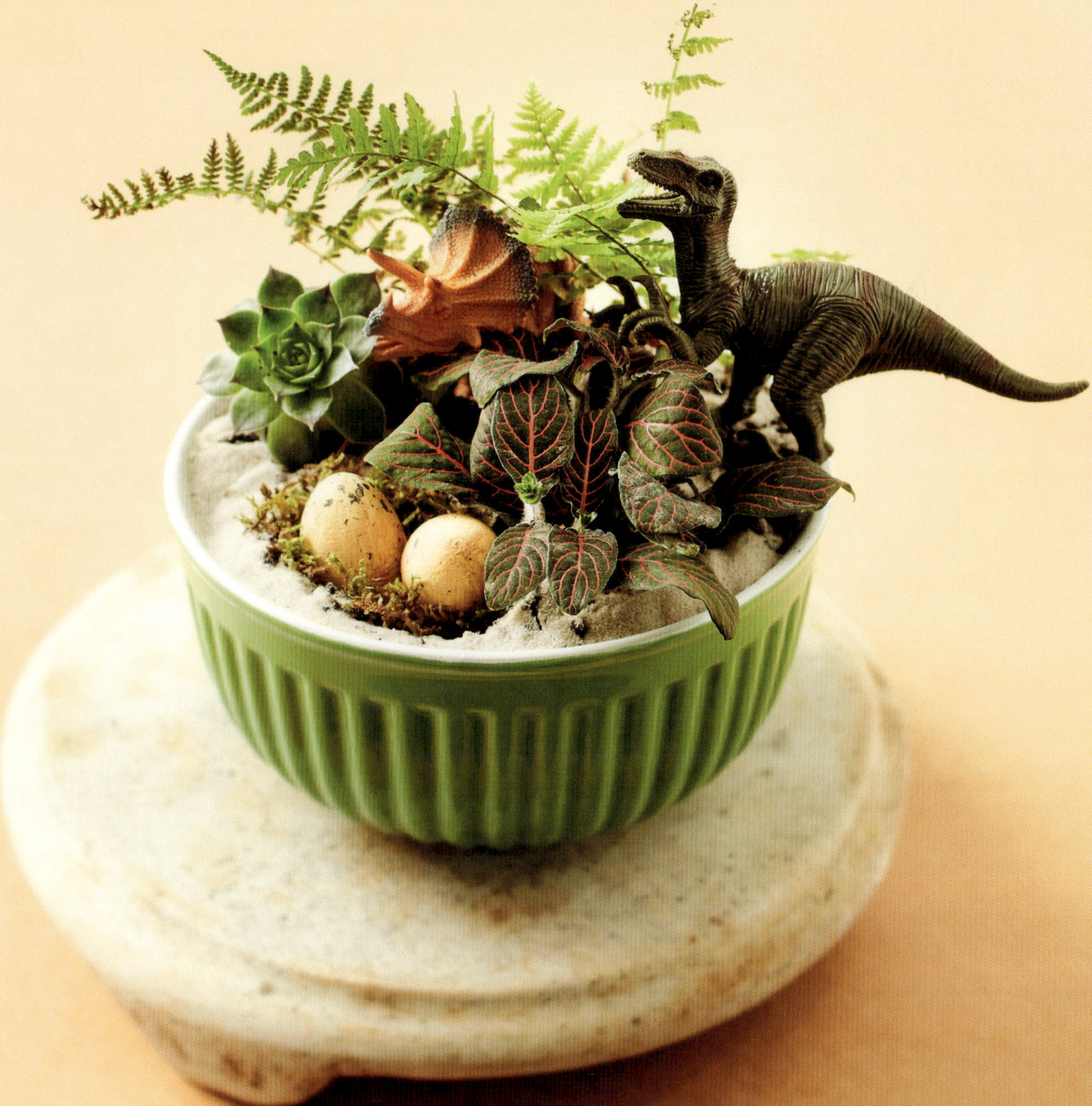

WANDERLUST-GARTEN

1 Schneiden Sie den Steckschwamm auf die Hälfte der Zinkschale zu und schneiden Sie ihn an den Seiten etwas keilförmig an, damit er näher am Schalenrand anliegt. Die Zinkschale zu einem Viertel mit dem Pflanz-Granulat füllen und den Steckschwamm daraufstellen.

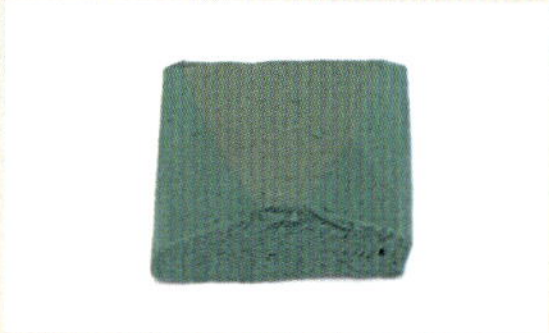

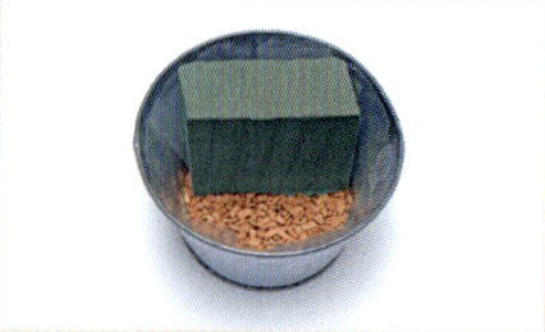

2 Der Steckschwamm dient nun als Aufbau für die Berglandschaft. Mit flachen Steinen beginnen, diese mithilfe der Heißklebepistole auf den Steckschwamm kleben. Nun Stein für Stein in die Höhe arbeiten. Bevor die Steine miteinander verklebt werden, prüfen, ob man mit den ausgesuchten Steinen auch das gewünschte Ergebnis erzielt.

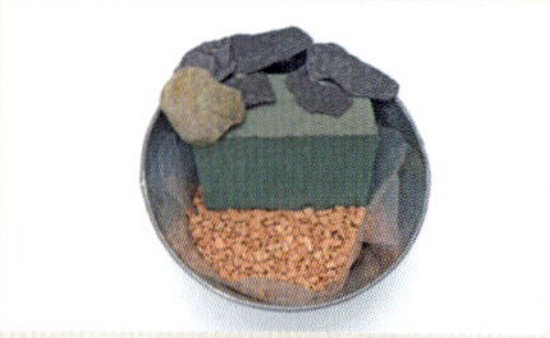

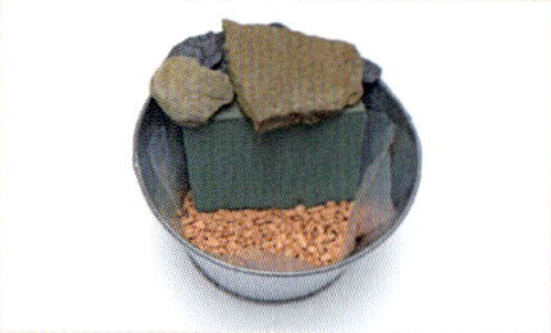

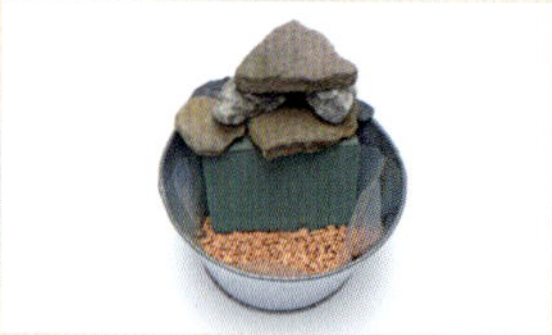

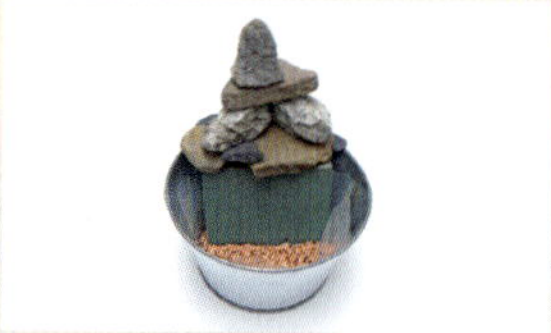

3 Nun auf das Granulat etwas Gartenvlies legen und darauf das Sukkulenten-Substrat verteilen. Ganz links die Crassula pflanzen und vor dieser die Lebenden Steine. Die Erde mit dem Plattenmoos bedecken.

4 Die Holzhütte rechts vor den Steinen platzieren, mithilfe der Pinzette einen keinen Wanderer an die Eingangstür stellen. Drei weitere Wanderer im Garten verteilen, die Gemsen direkt auf die Steine kleben.

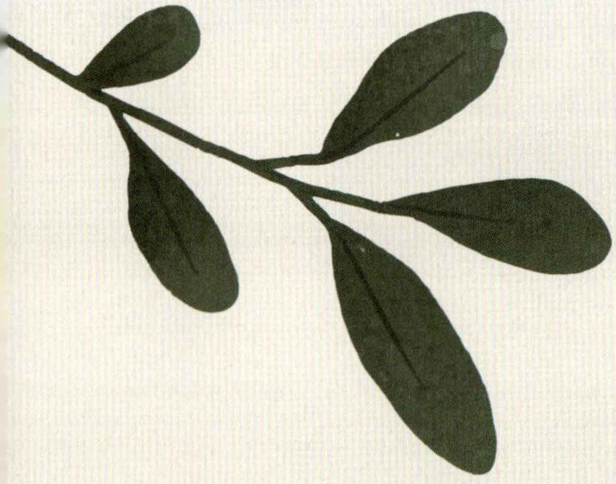

MOTIVHÖHE

ca. 18,5 cm

MATERIALIEN

Zink-Schale, ø 14 cm, 8,5 cm hoch • Gartenvlies • Pflanz-Granulat • Sukkulenten-Substrat • Wanderer-Modellbaufiguren, Gemsen und Holzhütte, Maßstab 1:87 • Nass-Steckschwamm, 8 cm x 11 cm x 23 cm • Plattenmoos • Steine in verschiedenen Größen • Schieferbruchsteine • Lebende Steine (Lithops) • Dickblatt (Crassula) • Heißklebepistole • Alleskleber • Löffel • Pinzette • Stift • Wasser-Sprühflasche

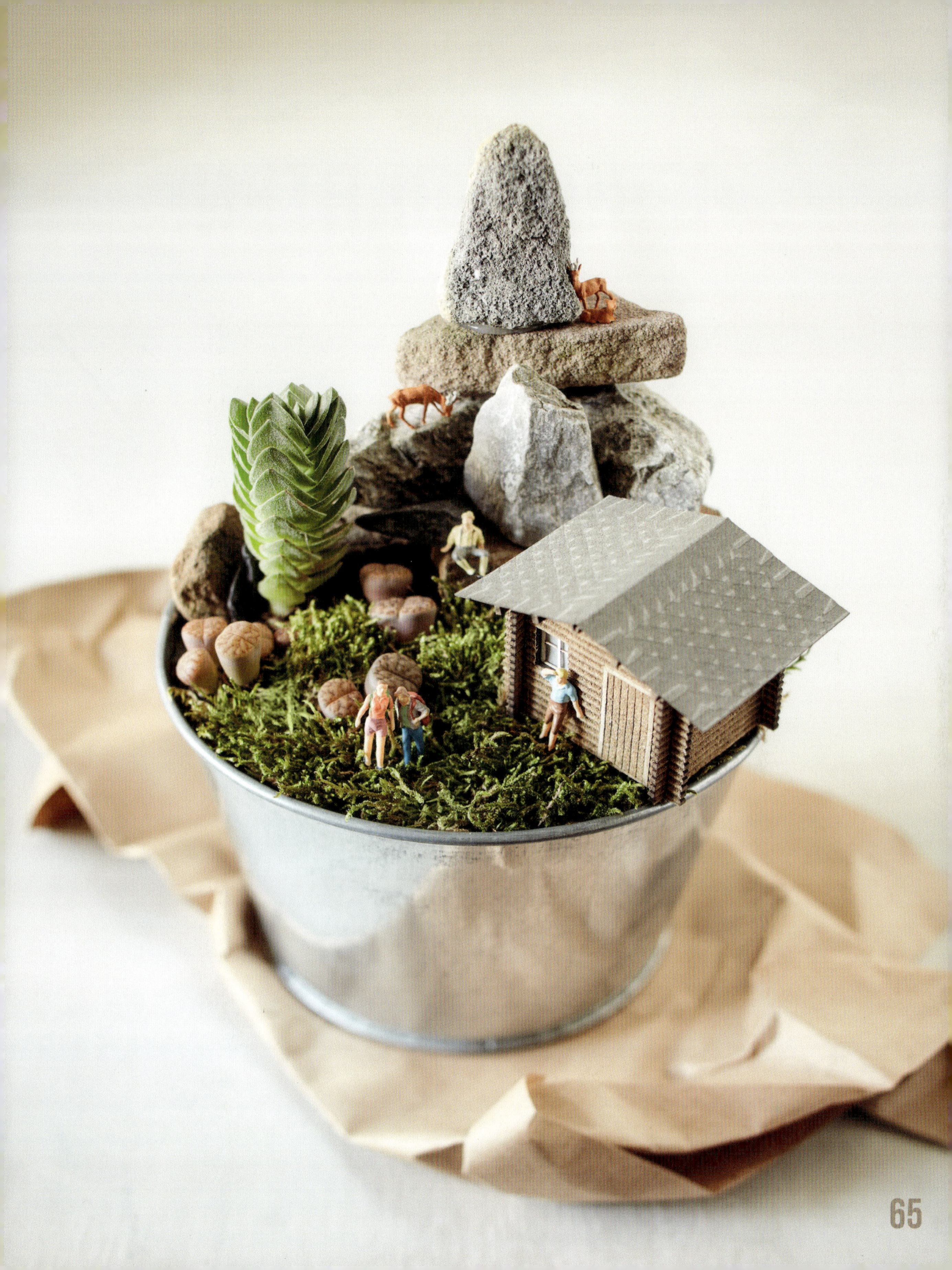

HERBST-GARTEN

1 Befüllen Sie die Müslischale, wie in der Grundanleitung beschrieben, mit den Pflanzmaterialien.

2 Die Punktblume im linken Bereich der Schale und die drei Hauswurze entlang des rechten Schalenrandes einpflanzen. Im Anschluss die Pflanzen bewässern.

3 Nun die Punktblume im rechten Winkel mit den beiden Zaunstücken einzäunen. Die Erde vor dem Zaun mit dem Deko-Steingranulat abdecken.

4 Aus dem Steckdraht zehn Stücke á 4 cm abknipsen und mithilfe der Zange jeweils zu einer Schlaufe biegen. Nun die Steckdrahtstücke an die Eichhörnchen, die Pilzgruppe, den Mini-Pilz und die Blätter kleben. Wenn der Klebstoff getrocknet ist, die Elemente nach Wunsch zwischen den Pflanzen platzieren.

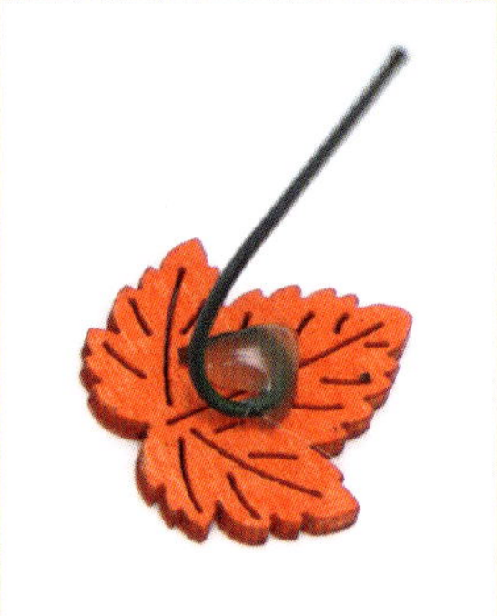

MOTIVHÖHE

ca. 23,5 cm

MATERIALIEN

Müslischale, ø 14 cm, 8,5 cm hoch • Gartenvlies • Pflanz-Granulat • Substrat • Streuteile: 2 Eichhörnchen, Pilzgruppe, Mini-Holzpilz, 2 Zaunstücke, je 4,5 cm lang, 6 Blätter, 2 cm lang • Deko-Steingranulat, hell • 2 Steckdrähte, 0,8 mm stark, 36 cm lang • Punktblume (Hypoestes phyllostachya) • Hauswurz (Sempervivum) • Heißklebepistole • Zange • Löffel • Stift • Wasser-Sprühflasche

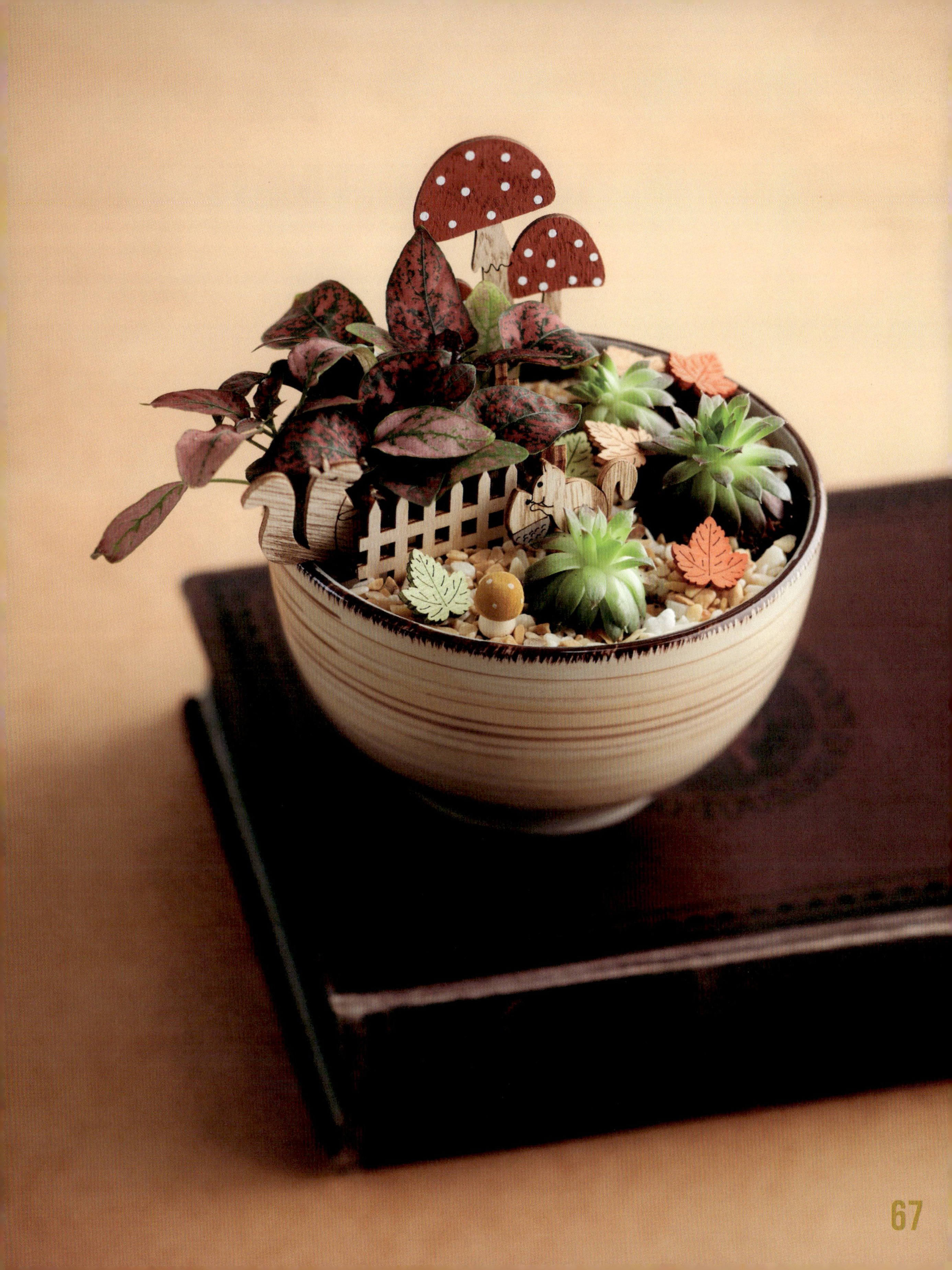

MÄRCHENWALD

1 Befüllen Sie die ovale Schale, wie in der Grundanleitung beschrieben, mit den Pflanzmaterialien.

2 Für den Weg zum Lebkuchenhaus ein Stück Gartenvlies in den Maßen 13 cm x 5 cm bogenförmig zuschneiden. Auf dieses mit der Heißklebepistole 20 Ziegelsteine aufkleben. Diese werden versetzt und abwechselnd von groß zu klein geklebt, bis ein ca. 12 cm langer Weg entstanden ist.

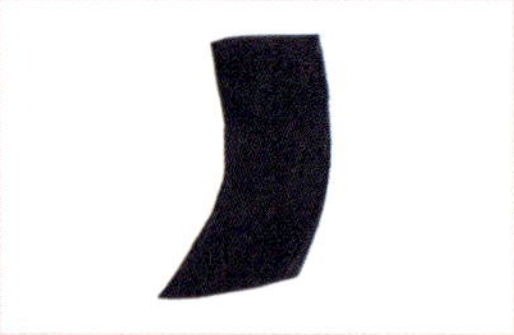

3 Das Holzhaus zum Stecken mit der braunen Acrylfarbe grundieren. Nach dem Trocknen mit einem dünnen Pinsel und weißer Acrylfarbe die Verzierungen aufmalen. Ist die Farbe getrocknet, das Häuschen zusammenkleben und nochmals gut trocknen lassen.

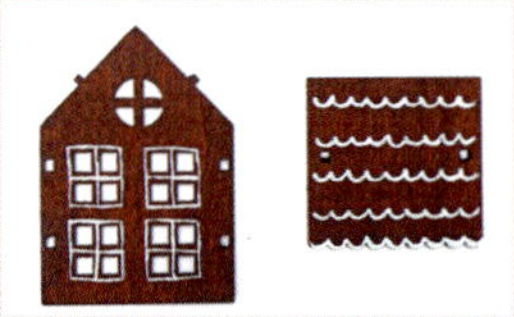

4 Die Vorlage aus einem Rest Fotokarton ausschneiden, auf das ca. 1,5 cm stark ausgerollte FIMO® legen und schneiden. Mit den Mini-Ausstechformen Mond, Sterne und Herzen ausstechen. Die Figuren nach Packungsanleitung im Backofen backen. Wenn sie ausgehärtet sind, mit weißer Acrylfarbe verzieren.

5 Die Sukkulenten einpflanzen. Dazu das Haus und den Weg aufstellen, damit die Pflanzen besser links und rechts davon positioniert werden können. Vor dem Dekorieren elf Steckdrahtstücke á 4 cm abknipsen und hinten an die Lebkuchendekorationen kleben. Die Eule auf den Ast und ein Sternchen an die Dachspitze des Hauses kleben.

6 Die LED-Lichterkette in das Haus stecken und dieses hinten zwischen die Pflanzen setzen. Den linken bepflanzten Bereich einzäunen und auf der rechten Seite ein kurzes Stück Zaun stecken. An die FIMO®-Deko und Waldtiere je einen Steckdraht kleben. Den Weg zum Häuschen legen. Den Ast in das rechte Beet stecken und an das Haus lehnen. Das Plattenmoos auslegen sowie die Lebkuchen-Deko und die Waldtiere platzieren.

MOTIVHÖHE

ca. 20 cm

MATERIALIEN

ovale Schale, 17,3 cm x 23,5 cm x 8,5 cm • Gartenvlies • Pflanz-Granulat • Sukkulenten-Substrat • 15 Ziegelsteine, 2,2 cm x 1,2 cm x 0,7 cm • 5 Ziegelsteine, 1,1 cm x 1,2 cm x 0,7 cm • Zaun, 22 cm x 3 cm • Miniatur-Waldtiere (Igel, Eule, Eichhörnchen und Hase) • Holz-Haus zum Stecken, 4,5 cm x 7,3 cm • Acrylfarbe in Braun und Weiß • 2 Steckdrähte, 0,8 mm stark, 36 cm lang • 20er-LED-Drahtlichterkette • Plattenmoos • natürlich gewachsener Ast • Felsen-Fetthenne (Sedum reflexum) • Hauswurz (Sempervivum) • Heißklebepistole • Zange • Schere • Pinsel • Löffel • Stift • Wasser-Sprühflasche

LEBKUCHENMANN-VORLAGE

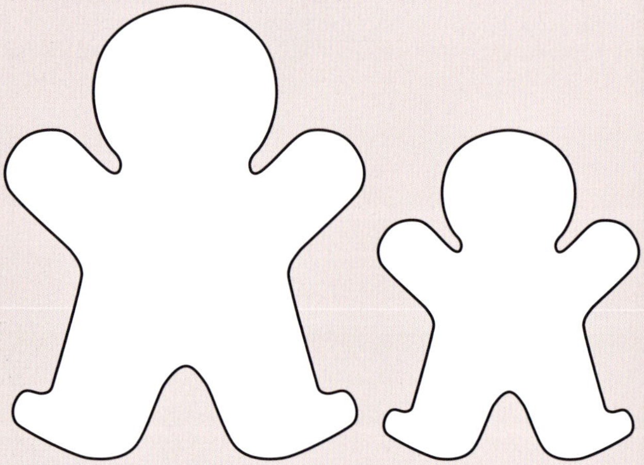

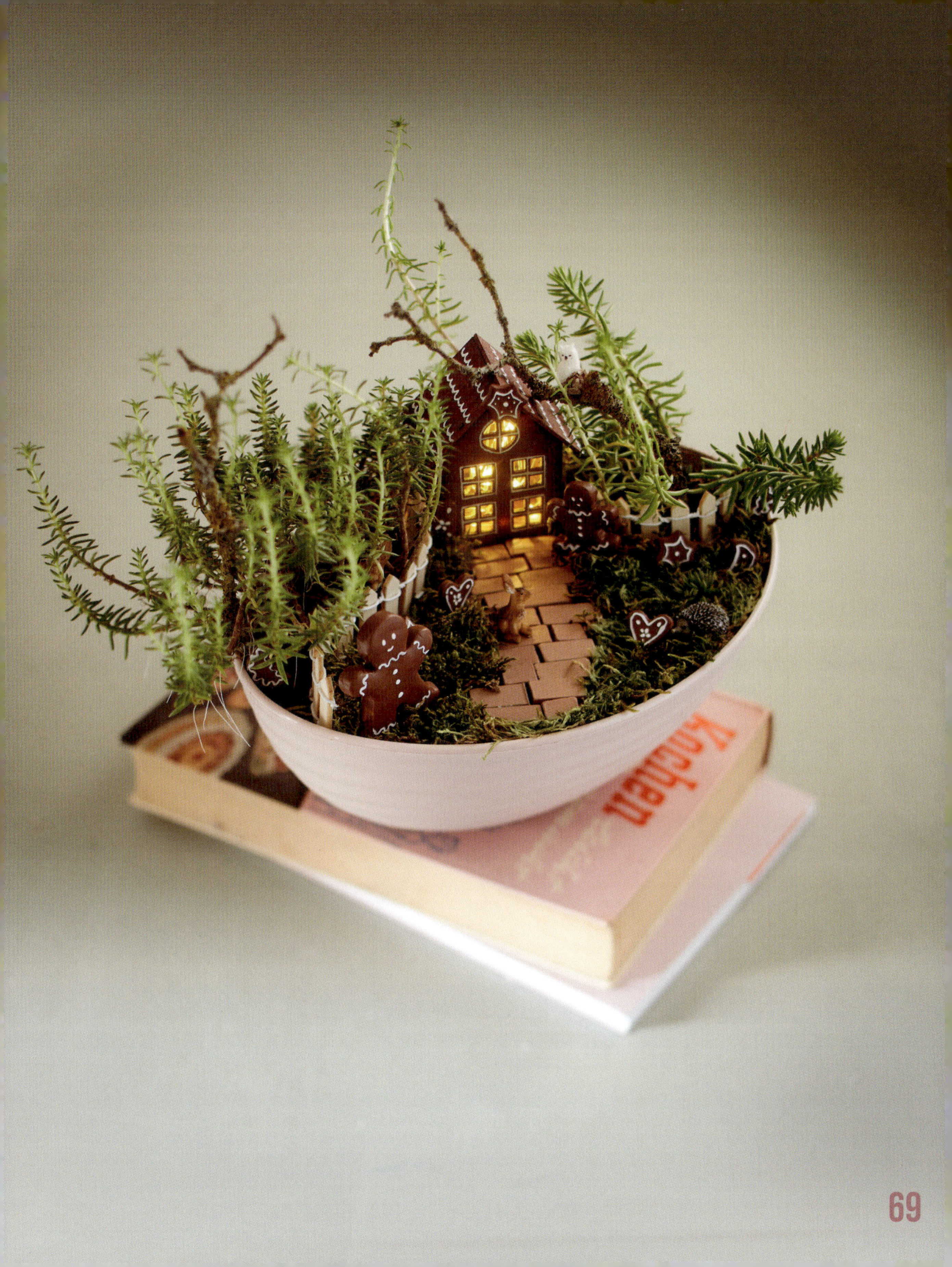
Kuchen

HALLOWEEN-GARTEN

1 Malen Sie als Erstes die Bank mit der orangenen Acrylfarbe an.

2 Nun aus zwei Holzspießen und dem Garn ein Spinnennetz fertigen. Einen Holzspieß teilen, danach alle Holzspieße schwarz anmalen. Auf den langen Holzspieß diagonal die zwei halbierten Stäbe legen und sie in der Mitte mit etwas feinem Draht fixieren. Das Garn mehrfach um die Mitte wickeln und anknoten. Dann das Garn fünfmal spiralförmig um die Holzspieße knoten. Mitten ins Spinnennetz eine der Deko-Spinnen kleben.

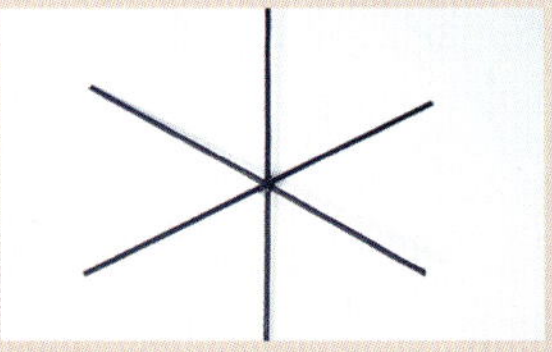

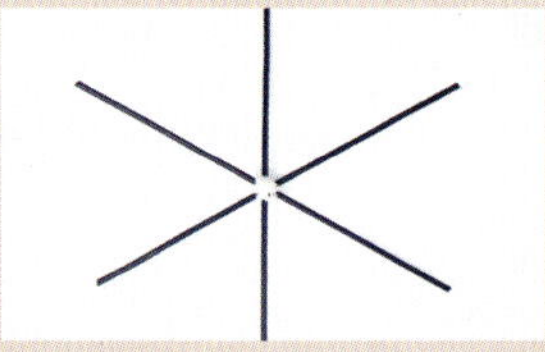

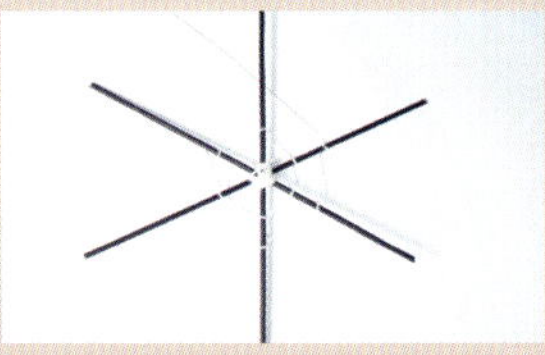

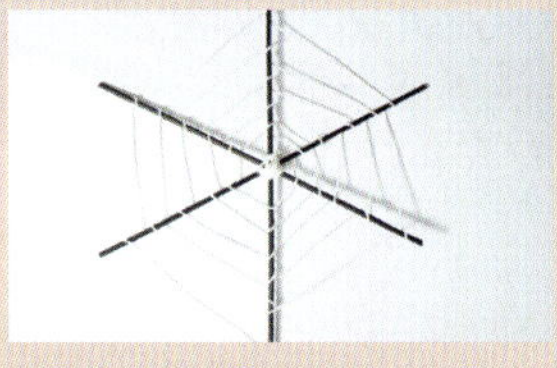

3 Nun wie in der Grundanleitung beschrieben das Pflanzgefäß vorbereiten. Dieses bis zu einem Viertel mit Pflanz-Granulat befüllen, darauf das Gartenvlies legen und anschließend mit dem Sukkulenten-Substrat auffüllen.

4 Auf dem Substrat einen Kaktus und drei Spinnweb-Hauswurze platzieren, sodass im Hintergrund die Bank Platz findet. Ist alles stimmig, mithilfe eines Löffels etwas Erde an diesen Stellen wegnehmen und dort die Sukkulenten einpflanzen. Danach etwas Wasser an die Pflanzen geben. Nun die Erde mit flachen Schieferbruchstücken bedecken und darauf die Bank platzieren. Auf diese die zweite Spinne kleben.

5 Die drei Styropor®-Kürbisse zwischen den Pflanzen platzieren, das Spinnennetz hinter die Bank stecken. Zum Schluss noch die Gespensterlichterkette dekorieren.

MOTIVHÖHE

ca. 23,5 cm

MATERIALIEN

Süßigkeitenschale, ø 16 cm, 9,5 cm hoch • Gartenvlies • Pflanz-Granulat • Sukkulenten-Substrat • Holzbank, 8 cm lang • 3 Holzspieße, 2 x 17,5 cm lang, 1 x 19 cm lang • Garn in Weiß, ca. 2,4 m lang • 2 Deko-Spinnen, 4 cm • 3 Styropor®-Kürbisse, 2 x ø 3 cm, 1 x ø 3,5 cm • Gespenster-Lichterkette • Schieferbruch-Steine • Acrylfarbe in Orange und Schwarz • Spinnweb-Hauswurz (Sempervivum arachnoideum) • Kaktus (Cactacea) • Heißklebepistole • Pinsel • Schere • Löffel • Stift • Wasser-Sprühflasche

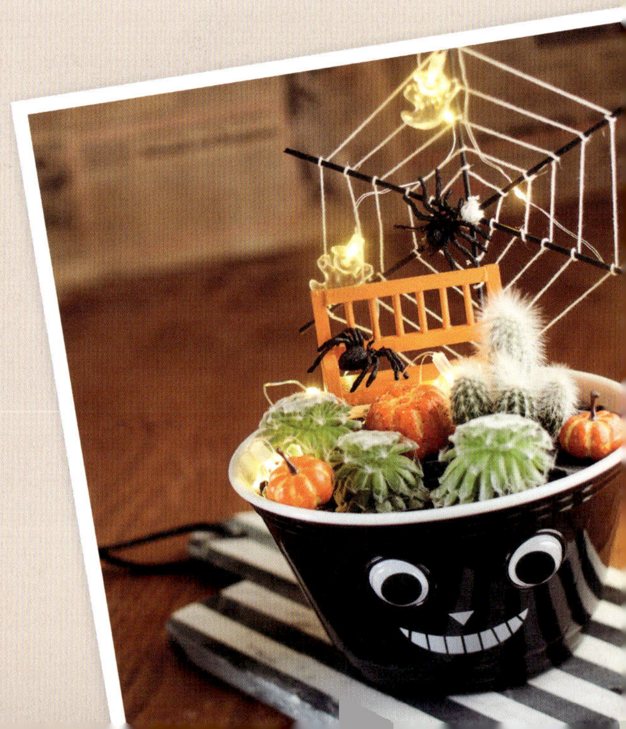

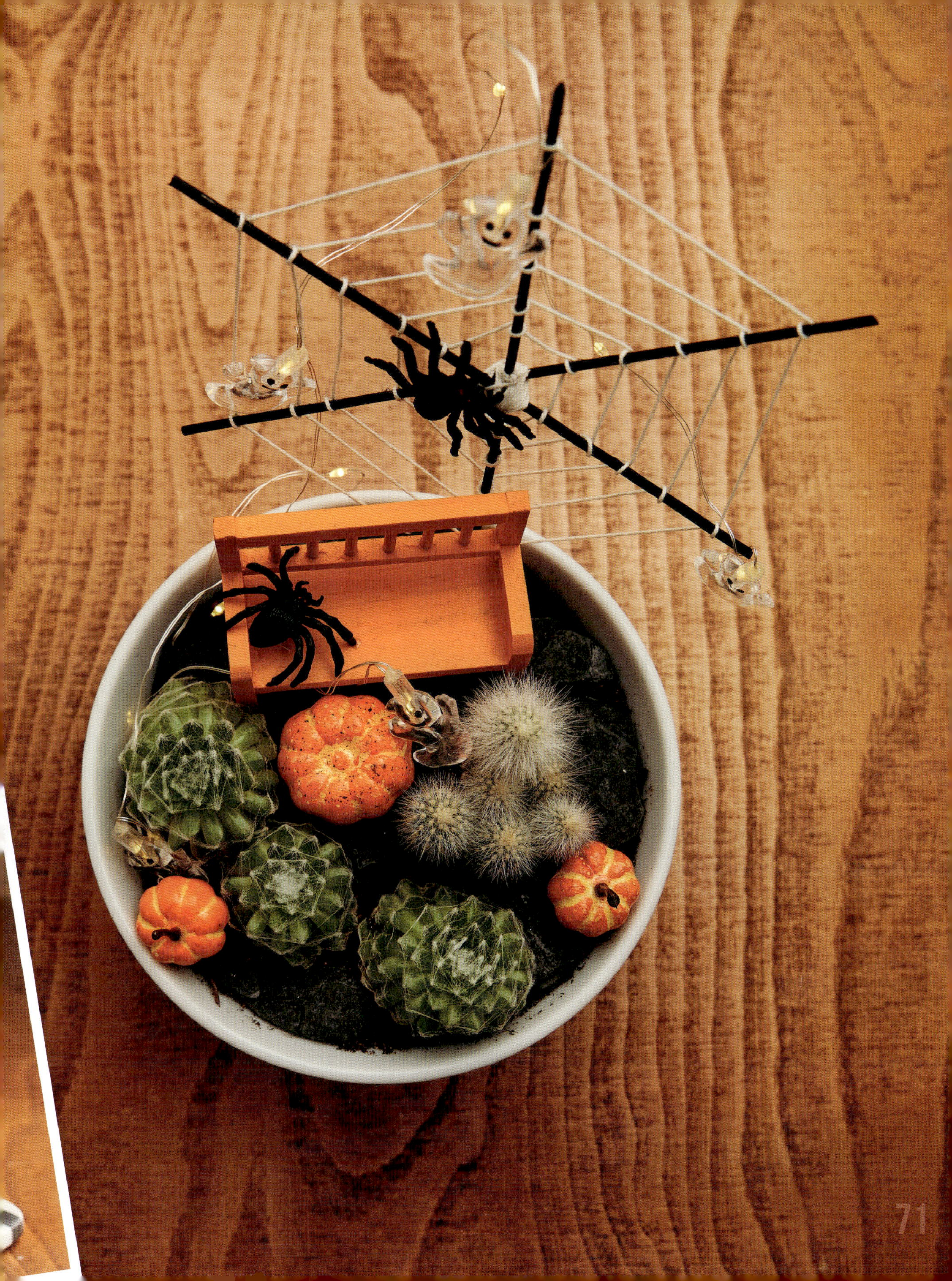

MINI-WEIHNACHTSBAUM

1 Befüllen Sie, wie in der Grundanleitung beschrieben, die Müslischale zunächst mit Pflanz-Granulat. Darauf geben Sie das zuvor zurechtgeschnittene Gartenvlies und die Erde.

2 Mithilfe des Löffels in der Mitte der Schale ein Loch graben. Die Konifere aus dem Pflanztopf nehmen, den Wurzelballen von der Erde befreien und ggf. zu lange Wurzeln entfernen. Den Wurzelballen in das Erdloch setzen, mit weiterer Erde fest andrücken und direkt bewässern. Die Erde komplett mit dem weißen Steingranulat bedecken.

3 Die Konifere mit der LED-Lichterkette umwickeln, das Batteriefach mit etwas Klebeband hinten an die Müslischale kleben. Danach den Baum mit den Mini-Weihnachtskugeln, Sternen und einem Weihnachtsbaumschmuck-Stern als Sternspitze dekorieren.

4 Auf den Schlitten zwei Pakete und die Mini-Tanne kleben. Den Schlitten unter die Konifere stellen, neben den Schlitten die weiteren zwei Pakete verteilen. Links und rechts der Konifere den echten Mini-Weihnachtsbaumschmuck aus Glas stellen.

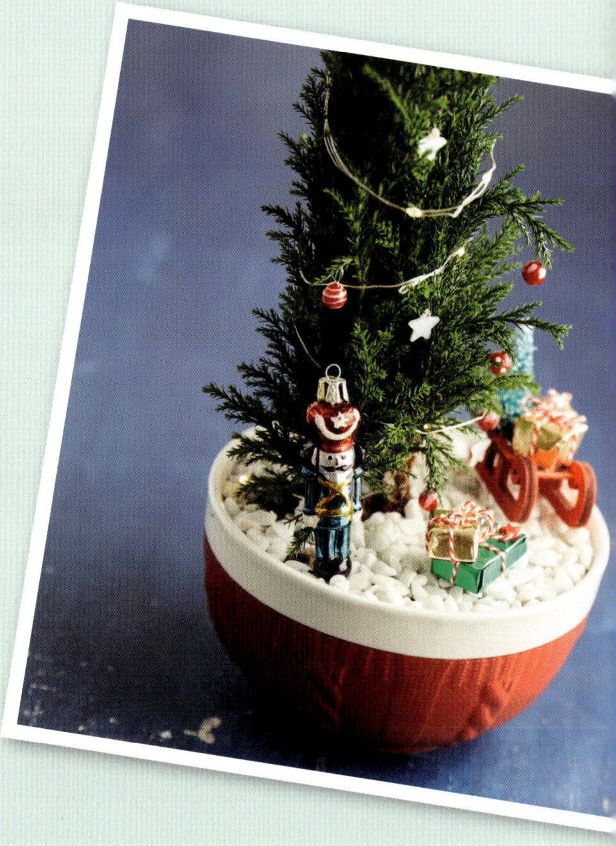

MOTIVHÖHE

ca. 32,5 cm

MATERIALIEN

Müslischale, ø 14,5 cm, 8,5 cm hoch • Gartenvlies • Pflanz-Granulat • Substrat • 8 Weihnachtskugeln in Rot, ø 8 mm • Mini-Schlitten in Rot, 3 cm x 2 cm x 6 cm • 20er-LED-Draht-Lichterkette • 5 Mini-Perlen-Sternchen • Mini-Weihnachtsbaumschmuck aus Glas (2 Sterne und 1 Nussknacker) • 4 Mini-Geschenke • Mini-Tanne, 6 cm hoch • Deko-Steingranulat in Weiß • Konifere, ca. 16 cm hoch • Heißklebepistole • Schere • Löffel • Stift • Wasser-Sprühflasche • Klebeband

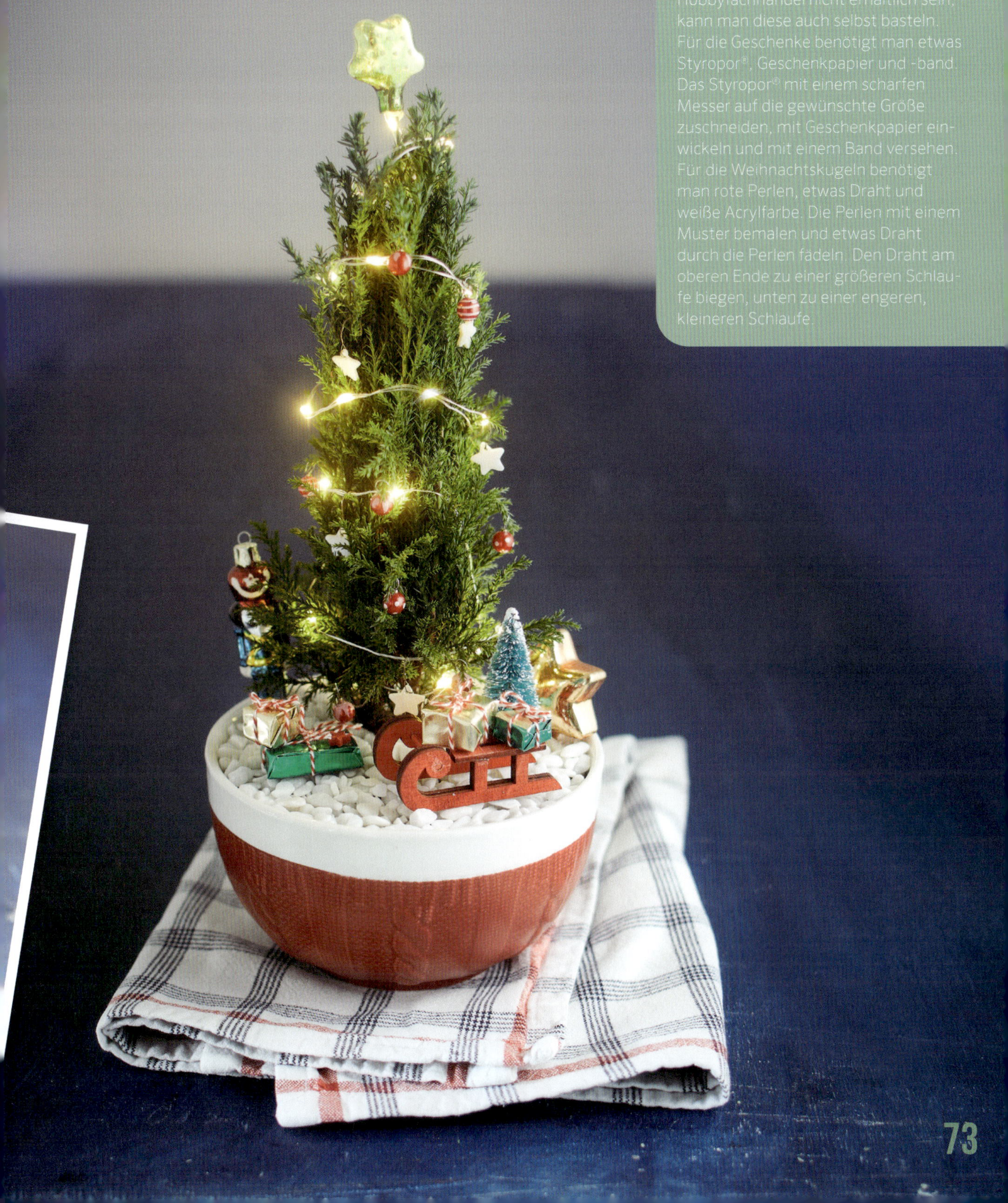

TIPP

Sollten die Geschenkpakete oder die Mini-Weihnachtsbaumkugeln im Hobbyfachhandel nicht erhältlich sein, kann man diese auch selbst basteln. Für die Geschenke benötigt man etwas Styropor®, Geschenkpapier und -band. Das Styropor® mit einem scharfen Messer auf die gewünschte Größe zuschneiden, mit Geschenkpapier einwickeln und mit einem Band versehen. Für die Weihnachtskugeln benötigt man rote Perlen, etwas Draht und weiße Acrylfarbe. Die Perlen mit einem Muster bemalen und etwas Draht durch die Perlen fädeln. Den Draht am oberen Ende zu einer größeren Schlaufe biegen, unten zu einer engeren, kleineren Schlaufe.

BUCHEMPFEHLUNGEN FÜR SIE

NOCH MEHR KREATIV-BÜCHER GESUCHT?

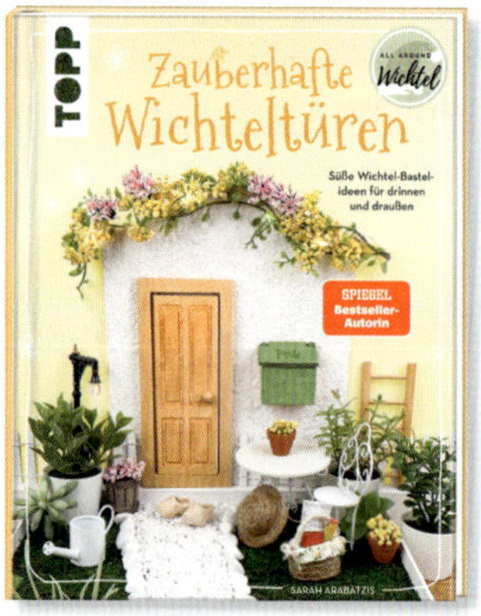

ISBN 978-3-7358-5123-9

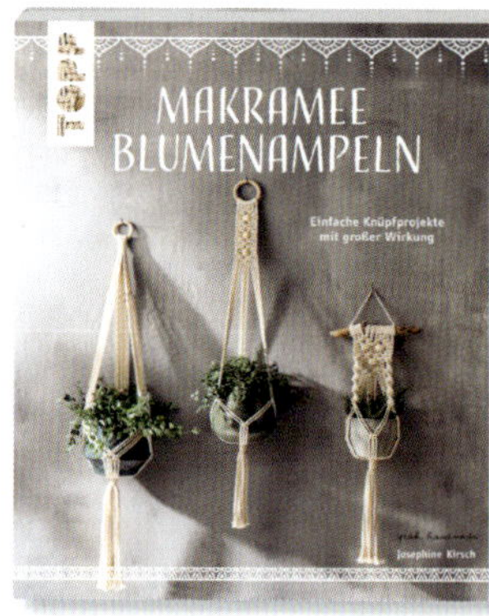

ISBN 978-3-7724-4629-0

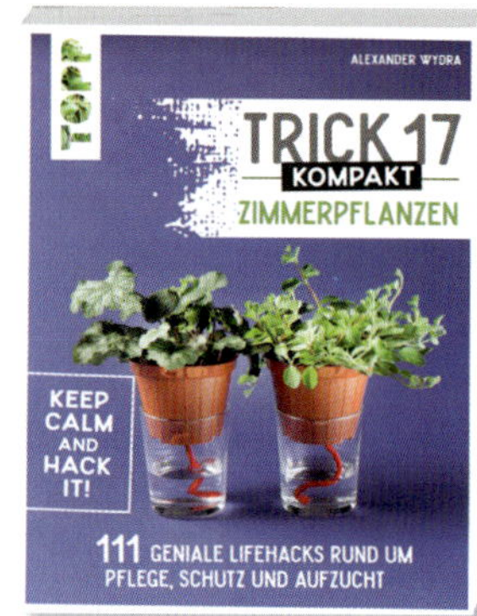

ISBN 978-3-7724-4579-8

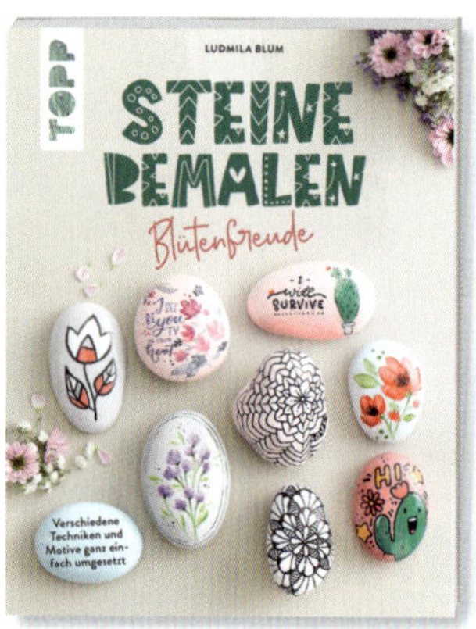

ISBN 978-3-7724-3117-3

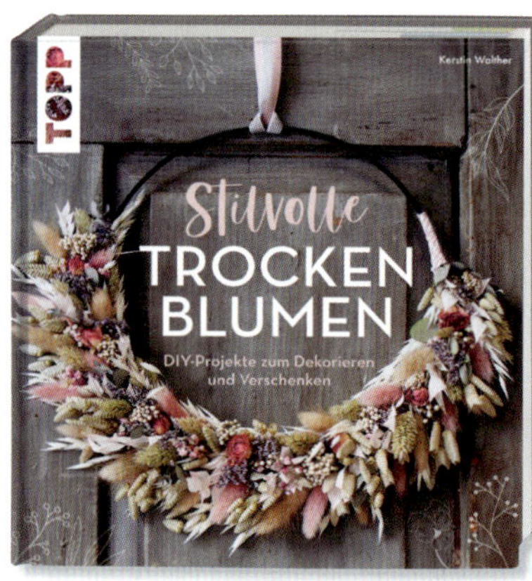

ISBN 978-3-7724-4521-7

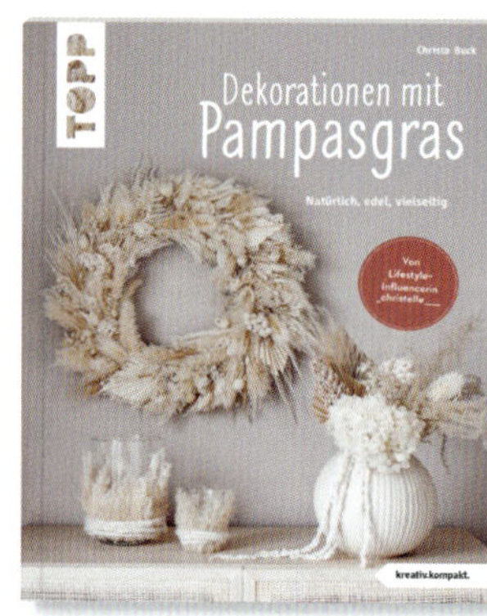

ISBN 978-3-7724-4604-7

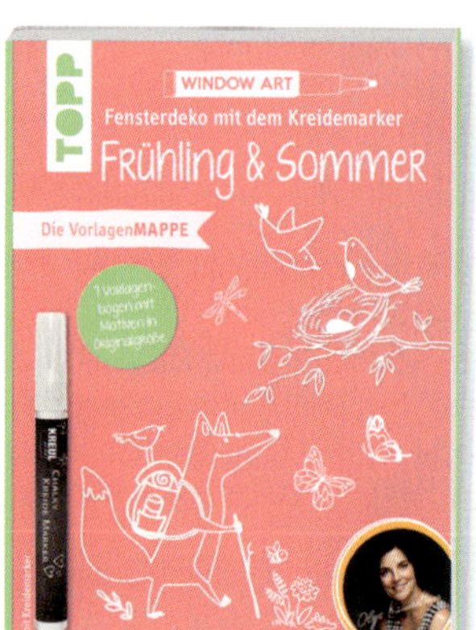

ISBN 978-3-7358-5102-4

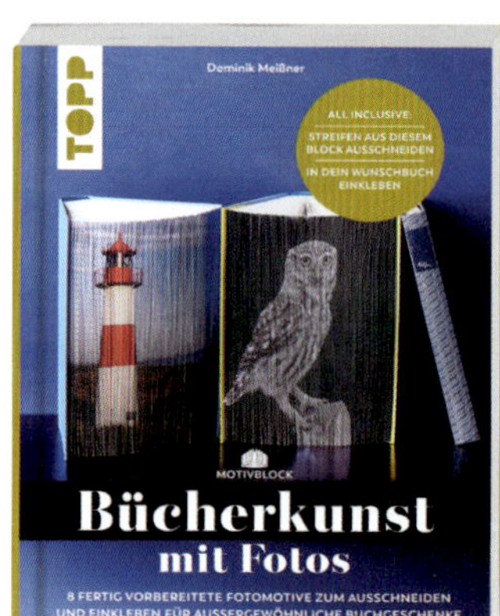

ISBN 978-3-7358-5117-8

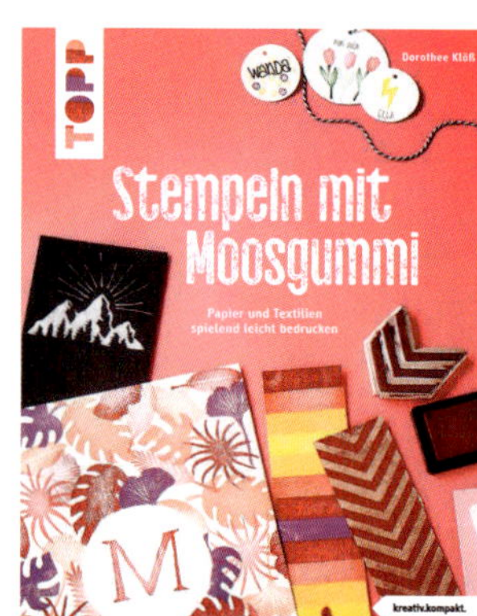

ISBN 978-3-7358-5115-4

VIELE WEITERE KREATIV-BÜCHER FINDEN SIE AUF WWW.TOPP-KREATIV.DE

#TOPPPROJEKT

Die eigene Kreativität zeigen: TOPPprojekt mit anderen Kreativen teilen und Teil der Gemeinschaft werden.

DIY-begeistert und auf Instagram? Dann unbedingt mitmachen! Hier gibt's Tipps und Feedback zu den eigenen Projekten. Außerdem verlosen wir jeden Monat ein Überraschungspaket. Um am Gewinnspiel teilzunehmen, einfach ein Bild vom Kreativ-Projekt aus unseren Büchern mit #TOPPprojekt posten und unserem Account @frechverlag folgen. Mehr Infos auf TOPP-kreativ.de/TOPPprojekt

Website
Auf TOPP-kreativ.de können Sie ein riesiges Angebot von über 1.000 Kreativbüchern, Sets & mehr entdecken.

Newsletter
Gleich anmelden unter: TOPP-kreativ.de/newsletter und immer als Erstes von unseren Neuheiten und Sonderaktionen erfahren.

Instagram
@frechverlag

Pinterest
pinterest.com/frechverlag

Facebook
facebook.com/frechverlag

DigiBib
Hier finden Sie zusätzlich zu vielen unserer Bücher digitale Extras, wie Video-Tutorials, Plotter-Dateien, Vorlagen, Übungsblätter & vieles mehr. Einfach im Impressum Ihres TOPP-Buchs den Freischalte-Code nachschlagen und exklusive Inhalte freischalten. TOPP-kreativ.de/digibib

Youtube
youtube.com/frechverlag

KREATIV-HOTLINE
Hilfestellung zu allen Fragen, die Materialien und Bücher zu kreativen Hobbys betreffen:
Frau Erika Noll berät Sie. Rufen Sie an oder schreiben Sie eine E-Mail!
Telefon: 0711 / 123 757 20*
*normale Telefongebühren
E-Mail: mail@kreativ-service.info

IMPRESSUM

FOTOS: frechverlag GmbH, 70839 Gerlingen; lichtpunkt, Michael Ruder, Stuttgart (Modellfotos); Louise Lindgrün (Schrittfotos)
LEKTORAT: Uta Koßmagk
PRODUKTMANAGEMENT: Melissa Portz
COVERGESTALTUNG: Melanie Herrmann
HERSTELLUNG: Heike Köhl
SATZ: tebitron gmbh, Gerlingen
DRUCK: Drukarnia Interak Sp. z o.o.

Ein besonderer Dank für die Bereitstellung der Materialien geht an die Firmen VBS Hobby Service GmbH, buttinette Textil-Versandhaus GmbH und Rayher Hobby GmbH.

1. Auflage 2023

ISBN 978-3-7358-5094-2 • Best.-Nr. 25094

FSC www.fsc.org MIX Papier aus verantwortungsvollen Quellen FSC® C015559

Penguin Random House Verlagsgruppe FSC® N001967